W0099931

Jutta Hecker

Wunder des Worts

Leben im Banne Goethes

Verlag der Nation
Berlin

Herausgegeben von Bruno Brandl
Mit einem Geleitwort von Karl-Heinz Hahn
Mit 16 Abbildungen

ISBN 3-373-00322-9

1. Auflage 1989
© Verlag der Nation Berlin 1989
Lizenz-Nr. 400/25/89
LSV 7002
Einband: Axel Bertram
Typographie: Manfred Damaszynski
Satz: (52) Nationales Druckhaus,
Betrieb der VOB National
Druck und buchbinderische Verarbeitung:
Buchkunst Leipzig,
Betrieb der VOB National
Best.-Nr. 696 974 9
01000

KARL-HEINZ HAHN

Dank an Jutta Hecker

Wie oft habe ich ihn nicht zurückgelegt, jenen Weg, vom Park kommend an der Bibliothek vorbei, vorbei auch am Karl-August-Denkmal, hinab zur Bastille der ehemaligen Burg Hornstein, am Westflügel des Schlosses entlang, den neuen Marstall links liegenlassend, über die Kegelbrücke hinauf zu jener von Rotdornbäumen flankierten Allee, die zum Goethe- und Schiller-Archiv führt, von wo aus man die Stadt und ihre Umgebung vor sich liegen sieht — weithin im Südwesten den Markt mit dem neugotischen Rathaus, daran westlich sich anschließend die Stadtkirche St. Peter und Paul, die Jakobskirche und die sie verbindenden Straßen und Gassen, nordwestlich die Monumentalbauten der dreißiger Jahre und fern, am Horizont beinahe, den Hang des Ettersberges mit seinem Erinnerungsmal an die Zone des Grauens, Buchenwald. Für Jahrzehnte ist dieses Haus mir Heimat gewesen, seine räumlich so ausgewogenen, Besinnung fördernden und geistige Konzentration fordernden Arbeitszimmer und Studiensäle, Wirkungsstätte für den Archivar, Editor und Literaturhistoriker.

Unmöglich, sich hier umzutun, ohne mit der Vergangenheit des Hauses in Berührung zu kommen, auf Zeugnisse seiner Geschichte zu stoßen. Wie oft lagen sie

nicht vor mir, jene kaum leserlichen, von beinahe unge-
lenker Hand geschriebenen Briefchen im Sedezformat,
Anweisungen und Wünsche übermittelnd oder auch
Dank und Anerkennung ausdrückend, Briefe der Großherzogin Sophie, Eigentümerin des Archivs und Initiato-
rin seiner Entwicklung zur weltberühmten Forschungs-
stätte. Einen ganz anderen Eindruck vermitteln die mit
spitzer Feder geschriebenen Briefe und Briefentwürfe,
Aktennotizen und Mitteilungen wissenschaftlichen Cha-
rakters von Bernhard Suphan, fünfundzwanzig Jahre Direktor des Goethe- und Schiller-Archivs, derjenige, der
das ganz eigene wissenschaftliche Profil dieses Instituts
am nachhaltigsten geprägt hat. Die Personalakte Rudolf
Steiners war nicht zu übersehen und erst recht nicht die
akkurate Philologenschrift Max Heckers, sei es, daß sie
als Titelangabe auf den die kostbaren Archivalien, Briefe
und Manuskripte Goethes, Schillers, Wielands u. a. m.,
umhüllenden Mappen und Umschlägen begegnet oder
als Eintragung in jenem mit festen leinenbezogenen
Pappdeckeln eingefaßten Großoktavband, der das wohl
umfangreichste Personenregister Weimars zur Goethezeit, das nach einem Stadtbuch aus dem 15. Jahrhundert
benannte «Rote Buch» enthält. Aber auch Briefe Heckers
finden sich, darunter auch jenes bedrückende Schriftstück, in dem der nunmehr länger als drei Jahrzehnte
hier tätige Archivar mit dem Hinweis auf den Wegfall einer Vergütung für die Herausgabe des Goethe-Jahrbuchs versichert, noch mehr arbeiten zu wollen, wenn
ihm nur sein ohnehin spärliches Salär um ein Geringes
aufgebessert werden könne.

Da werden Erinnerungen wachgerufen, Vorstellungen

von Stille und Zurückgezogenheit, von Gelehrtenleben und Philologentätigkeit im Schatten glanzvoller Hoffeste, aber auch abseits vom politischen Ringen ums Überleben einer Republik, der ersten auf deutschem Boden, unberührt auch vom monströsen Lärm aufdringlicher Marschmusik, wie er während der dreißiger Jahre die Straßen beherrschte, aufgeschreckt aber schließlich doch und gewissermaßen in die Wirklichkeit zurückgeholt durch die ganz in der Nähe detonierende Fliegerbombe im Frühjahr 1945.

Doch abseits gelegen hat das in seinem Äußeren an das kleinere der beiden Lustschlösser im Park von Versailles, das Kleine Trianon, erinnernde Haus eigentlich niemals; es war vielmehr immer Mittelpunkt einer Welt für sich und ist es bis heute geblieben, Zentrum einer Gelehrtenrepublik ganz eigenen Stils. Wer ging da nicht ein und aus. Namen, nicht unumstritten zwar, aber immer noch klangvoll, sind zu nennen – Wilhelm Scherer z. B., Gustav von Loeper, Herman Grimm und Erich Schmidt, Oscar Walzel, Richard Maria Werner, Georg Witkowski und Albert Leitzmann, Julius Petersen, Anton Kippenberg, Friedrich Beißner und Ernst Beutler, der Schweizer Germanist Jonas Fränkel, Eduard Castle, Vorsitzender des Wiener Goethe-Vereins, der Amerikaner Karl Friedrich Schreiber und Walter H. Bruford, lange Zeit Nestor der englischen Goethe-Forschung. Aber auch Namen wie Harry Graf Kessler, Hugo von Hofmannsthal, Arthur Schnitzler, Emil Ludwig und Walter Benjamin sind zu nennen, ebenso wie Ernst von Wildenbruch, Hans Friedrich Blunck, Hans Garossa und Ernst Bertram, mancher von ihnen nur ungern gesehen, vielleicht auch enttäuscht sich abwendend, kaum einer jedoch, der nicht beeindruckt gewesen wäre von der Atmosphäre des Hauses, fasziniert von der Vorstellung, hier anhand überlieferter handschriftlicher Aufzeichnungen Goethes oder Schillers Studien treiben zu können.

Dies die Welt, von der Jutta Hecker erzählt, die sie in unvergleichlicher Weise zu vergegenwärtigen weiß. Jüngste Tochter von Max Hecker, wuchs sie in unmittelbarer Nähe des Goethe- und Schiller-Archivs auf, erfuhr aus Gesprächen der Eltern von den Freuden und Bedrängnissen des Philologen-Berufes, blickte zu Vorgesetzten und Kollegen des Vaters auf und wurde, unmerklich fast, Bürger jener Republik der Gelehrsamkeit und des Geistes. Doch gerade dagegen, in diese Welt integriert zu werden, begehrte sie auf. Novalis und die Romantik, nicht Goethe und die Klassik bildeten das Thema der Dissertationsschrift, Schulstube und Lehrerkanzel waren das erstrebte Wirkungsfeld, nicht die stille Gelehrtenklause des Philologen. Der Zufall aber näherte sie schließlich doch wieder der Welt des Vaters, ließ sie als Autorin dokumentierender Poesie zur Chronistin des Weimar der Goethezeit werden. Das war in den vierziger Jahren unseres Jahrhunderts. Seitdem ist der Name Jutta Hecker weit über die Grenzen der Stadt Weimar hinaus bekannt geworden.

Dokumentierende Poesie, damit ist nicht jene Literatur der Moderne gemeint, die Texte aus Zeitungsberichten, amtlichen Dokumenten und persönlichen Erinnerungen montiert, sondern die tatsachengetreue Darstellung dokumentarisch belegter Ereignisse und Vorgänge der Vergangenheit in Gestalt gedanklich wie emotional nachvollziehbarer Erzählungen. Bilder aus der Geschichte des klassischen Weimar, so könnte man sie nennen, jene historischen Miniaturen, deren Helden die Schauspielerin und Sängerin Corona Schröter, Johann Peter Eckermann, Johann Joachim Winckelmann, der Bildhauer Karl Gottlieb Weisser, Christoph Martin Wieland und selbstverständlich auch Goethe und Schiller sind.

Ganz anderer Natur die Texte, die dieser Almanach vereinigt. Hier dominiert die Erinnerung an eigenes Erleben. Von Kindheitserinnerungen ausgehend, sucht Jutta Hecker in einer Folge von Porträts die frühe Zeit des Goethe- und Schiller-Archivs einzufangen. Von der Großherzogin Sophie ist die Rede, der Erbin des letzten Goethe. Sie war schon vor sieben Jahren verstorben, als Jutta Hecker geboren wurde, doch Spuren ihres Wirkens begegneten der Heranwachsenden praktisch auf Schritt und Tritt. Auch Rudolf Steiner hatte Weimar längst verlassen, als Max Hecker hierher kam. Jutta Hekker verfolgte dennoch seine Wege, suchte nach Zeugnissen seines Wirkens und Lebens in dieser Stadt, deren durch eigene Erinnerungen bereichertes Bild dem Leser dieses Essays so lebendig wird. Bernhard Suphan konnte sie im Elternhaus selbst noch erleben. Doch sie war erst sieben Jahre alt, als er auf so tragische Weise aus dem Leben schied. Kindheitserinnerungen, Erzählungen des Vaters und eingehende Quellenstudien zum Wirken Suphans ließen sie ein eindrucksvolles Bild des Mannes zeichnen, dessen Fleiß und Leistungsvermögen erstaunen lassen, dessen persönliches Schicksal man nur mit Betroffenheit zur Kenntnis nehmen kann. Und schließlich das Porträt des Vaters, mit liebevoller Hand aufgezeichnet, eine Charakterstudie deutschen Gelehrtenlebens im frühen zwanzigsten Jahrhundert. Persönliche Betrachtungen umranken und beschließen das Buch, das eine Lücke schließt in der durch Namen wie Henry van de Velde, Luise von Nostitz und Harry Graf Kessler gezeichneten Reihe von Weimar-Memoiren, indem es den Blick auf eine in der Stadt durchaus nicht immer sonderlich beachtete Wirkungsstätte von Gelehrten lenkt, durch die der Name Weimar seit dem ausgehenden 19. Jahrhundert einen neuen Akzent erhalten hat.

«Die Altenburg», so lautete der Titel ihres ersten, ihres vielleicht erfolgreichsten Buches. Erzählt wird hier die Kulturgeschichte jenes weitausladenden, an der Ausfallstraße nach Jena gelegenen Hauses, das der Stallmeister Karl Augusts, Friedrich von Seebach, 1810 errichtete und in dem während des Jahrzehnts zwischen 1850 und 1860 Franz Liszt gemeinsam mit Karolyne von Sayn-Wittgenstein Hof hielt. Doch der Name Altenburg bezeichnete ursprünglich nicht nur ein Haus, sondern das ganze am Ostufer der Ilm sich erhebende Terrain, das bis in die Mitte des 18. Jahrhunderts noch Festungscharakter hatte. Auf dem gleichen Gelände wurde in den Jahren von 1892 bis 1896 das Gebäude des Goethe- und Schiller-Archivs errichtet, eben jenes Instituts, an dessen Geschichte im vorliegenden Almanach so lebendig erinnert wird. «Von der Altenburg» könnte daher auch dieses Buch überschrieben sein, das vielleicht letzte der nun fünfundachtzigjährigen Freundin. Von Herzen sei ihr gerade dafür gedankt.

Führung und Geleit

oder
Wege zu Goethe

Wenn wir Kinder abends in unseren Betten lagen, dann ging mein Vater, während er nochmals lüftete, im Zimmer auf und ab und deklamierte leise Gedichte: Balladen, Sonette, Volkslieder — was ihm so einfiel —, einen Schatz deutscher Dichtung. Er hatte ein enormes Gedächtnis und eine einfühlsame begeisterungsfähige Seele. Mit seiner weichen, biegsamen Stimme zauberte er allabendlich immer neu unvergängliche Bilder vor unsere Herzen hin. Wir erfuhren so — und merkten es erst Jahre später —, daß es ein Reich gibt, aus Wort und Rhythmus gebildet, das aus dem Alltag herausragt und doch auf den Alltag zurückwirkt. Bilder wie aus Wolken, flaumleicht und doch von tiefer Wirklichkeit. Viel später, als ich anfing zu schreiben, da erkannte ich, in Erinnerung an solche frühen Erlebnisse, die Wahrheit der Worte des Aristoteles: «Die Dichtkunst geht auf Kern und Wesen, während der exakte Bericht nur Einzelheiten aneinanderreiht», und ich setzte es wie eine Art Selbstverteidigung, da ich doch als Philologin von exakten Berichten ausging, im Geist über alle meine Bücher.

Mein Vater, einer jener Philologen in Deutschland, die an der schweren Pionierarbeit des erst spät zutage getretenen Riesennachlasses Goethes beteiligt waren, sprach zu Hause nie über Goethe. Aber es ist mir unvergeßlich, wie es in unser Kindertoben hineinfuhr: «Ruhig! Vater arbeitet!» und ich ihn stundenlang am Schreibtisch sitzen sah, wie er sorgfältig, den Kopf hin und her wendend, seinen Federhalter von Buchstabe zu Buchstabe rückte; es waren Goethetexte. Goethe − das war für uns ohne Erklärung etwas Besonderes, etwas Ehrfurchtgebietendes.

Aber als ich mich anschickte, erwachsen zu werden, da hielt ich selbstverständlich aufrührerisch alles Bisherige für fragwürdig, ich ging aus dem Haus und verließ dieses Weimar und seinen Goethe, dessen vielgerühmter «Faust», zum mindesten im zweiten Teil, mir völlig unverständlich schien. Das Leben führte mich durch viele Katastrophen, durch persönliche Schicksalsschläge und durch Zeitumstände verursacht. Es führte mich in einem nachzeichenbaren Kreuz durch Deutschland; aus der Mitte zunächst nach Süden, nach München, zum Studium, wo ich wie aus Opposition gegen die Klassik über die «Blaue Blume» der Romantik doktorierte, nach Norden, nach Hamburg, wo ich als Assessorin an einem Gymnasium Deutsch und Englisch unterrichtete; sodann nach Osten, wo ich an der Hochschule für Lehrerbildung in Schneidemühl Dozentin für Deutsch war. Schließlich ging ich nach Westen, nach Honnef bei Bonn, wo ich eine Lehrerbildungsanstalt aufbaute. Und im Grunde tat ich überall mit meinen Schülern und Studenten nichts anderes, als was mein Vater mit uns getan hatte: Ich ließ sie die Wunderwelt des Wortes erleben. Und als ich im Frühjahr 1945 in die Mitte, nach Weimar, zurückkehrte, wo mein Vater, inzwischen verwit-

wet, gegenüber dem Goethe- und Schiller-Archiv in der
«Altenburg» lebte, da fand ich bei Eckermann einen
Ausspruch Goethes, dem ich immer wieder nachsann:
«Untergehend sogar ist's immer dieselbige Sonne . . .» Ich
lauschte dem Rhythmus nach, der Prosa zu Dichtung
machte, und drang tiefer und tiefer in den Sinn: Welch
einfache Bejahung des Lebens und seiner erstaunlichen,
oft schmerzhaften Veränderlichkeit; welche kaum zu fas-
sende Beständigkeit, ja Ewigkeit andererseits, erkannt an
einem ruhig angeschauten Bild der Natur! Dieses Wort
war ein Trost, ein Halt, eine Mahnung, und ich fand für
mich mehr und mehr in Goethe und Weimar einen unerschöpflichen Quellpunkt des Lebens.

Ich näherte mich Goethe damals noch auf eine ganz
andere Weise: Ich arbeitete lange Jahre als Hilfskraft in
einem Handwerksbetrieb für Wohnungseinrichtung, der
noch alles in einem besaß: Zeichnerei, Tischlerei, Polste-
rei, Gardinennäherei und Kunstgewerbeladen. Es waren
harte Jahre für mich, aber sie taten mir eine neue,
fremde Welt auf. Der Krieg hatte viele der Goethestätten
in Trümmer gelegt, und unser Betrieb war gerade geeig-
net dafür, solche Räume wieder in Ordnung zu bringen.
So hatten wir in unseren Werkstätten Goethe-Möbel stehen, deren Gestelle ausgebessert, deren Kissen abgerissen und neu gepolstert werden mußten, und ich, die ich
zwar inzwischen gelernt hatte, mich auch dem Sinn des
zweiten Teils des «Faust» ein wenig zu nähern, sah mit
Staunen, wie sparsam, wie einfach die Möbel waren, auf
denen Goethe einmal gesessen und viele Jahre lang an
eben diesem «Faust» gearbeitet hatte. Wie einfach und
formschön waren sie!

Es gab seltsame Szenen damals in unseren Werkstätten, und sie hatten alle mit Goethe zu tun. Bewegt schrieb ich solche bunten Szenen eines Lebens mit der Klassik nieder, und eine Zeitung druckte sie. Auch das Merianheft «Thüringen» des Hoffmann & Campe Verlags in Hamburg übernahm eine davon. Dann kam der Gustav Kiepenheuer Verlag in Weimar und forderte mich auf, ihm in dieser lebendigen, auf realen Fakten aufgebauten Art ein Buch zu schreiben. Es war mir sofort klar, daß ich die Geschichte des Hauses, in dem ich nun wohnte, die Geschichte der «Altenburg», erzählen würde, die fast vergessen war: Zuzeiten Goethes war das Haus gebaut worden, Goethe war darin ein und aus gegangen; in der Mitte des vorigen Jahrhunderts hatte es unter Liszt dreizehn reiche Jahre lang im Mittelpunkt des europäischen Geisteslebens gestanden; und schließlich war es eine Heimstatt der Goethephilologie geworden, da Gelehrte des Goethe- und Schiller-Archivs darin wohnten. Dies war mein erstes Buch, es hieß «Die Altenburg», erschien 1955 und wurde ein Erfolg. Ein finanzieller Erfolg wurde es zunächst freilich kaum, da ich lange Zeit brauchte, um die historischen Belege zu finden, denn ich wollte ja nicht drauflosfabulieren, sondern Tatsachen sprechen lassen. Ich wollte sie nur so wiedergeben, wie sie mein Herz angerührt hatten; ich wollte sie komponieren wie ein Musikstück, mit veränderlichem Rhythmus und mit immer wiederkehrenden Motiven − Leitmotiven ähnlich, die alles zu einem zusammenschlossen. Inzwischen hat der Verlag der Nation, in dem ich seit der Mitte der sechziger Jahre ein verlegerisches Zuhause gefunden habe, auch dieses

Buch in einer von mir überarbeiteten Form neu heraus-
gebracht.

Während ich so saß und arbeitete, hing mir gegenüber ein Abguß der Lebendmaske Goethes. Ich sah sie
in vollem Sonnenlicht und beschattet bei Regenwetter,
ich sah sie von unten her beleuchtet durch meine Tisch-
lampe oder angestrahlt von rötlicher Abendsonne. Einmal erschien sie mir wie das Antlitz eines griechischen
Gottes, ein andermal wie ein böser Dämon, einmal in
edler Gelassenheit das Dasein betrachtend und dann
wieder mürrisch in sich versunken – immer anders,
doch immer dieselbe.

«Untergehend sogar ist's immer dieselbige Sonne…»
Ich begriff an diesem Antlitz ein wenig die Tragik des
Außergewöhnlichen und seine Eingeschlossenheit in all-
gemeines Menschenlos, was beides Goethe zu tragen gehabt hatte. Ich forschte nach dem Künstler, der Goethe
einmal so nah gewesen war, daß er ihm den nassen Gips
übers Gesicht hatte schmieren dürfen: Und ich schrieb
eine Novelle über ihn und nannte sie «Die Maske».

Dies sind die beiden einzigen Bücher, deren Themen
ich mir selber setzte, das gilt auch für die Novelle über
die Begegnung Goethes mit Paganini. Alle anderen
Stoffe – Wieland, Eckermann, Winckelmann, Corona
Schröter, Schiller – schlugen mir meine Verleger vor,
und ich reagierte zunächst immer mit einem langgedehn-
ten «Aach!». Aber langsam wurde ich von den Ideen ge-
fangen und schrieb die Bücher dann doch. Und in seltsamer Fügung, von niemandem beabsichtigt, umkreisen
sie alle Goethes Geschick und Goethes Sendung. So
schmiedete ich fast unabsichtlich ein Glied an der golde-

nen Kette, die Weimar mit der Welt verbindet. Sie führt von Goethe auch über meinen Vater und mich zu Ihnen, meinen Lesern.

Viele Menschen schreiben mir, viele suchen mich auf. Es sind erstaunlich viele darunter, die bis dahin von Weimar und Goethe wenig wußten oder wissen wollten und die auf Grund meiner Bücher neugierig nach Weimar kommen und belebt sind. Es sind auch Goethekenner und Weimarfreunde dabei: Es sind Deutsche aus allen Gegenden und viele Ausländer, und der Grund dafür ist wohl das Wunder des Worts, das zu Leben werden kann und das am Anfang meines Lebens gestanden hat — es war alles Führung und Geleit.

Ginkgo biloba

Durchrieselt von Licht und Luft, frei und schwerelos, so steigt hinter dem ehemaligen Fürstenhaus in Weimar, der jetzigen Musikschule, gegenüber dem alten Stadtturm an der Bibliothek, ein besonderer Baum empor: Der Fächerblattbaum, der Ginkgo biloba. Der mächtige Stamm zeugt von einem Alter von fast 200 Jahren. Wie ein Springbrunnen von flirrendem Blattwerk, ohne verdichtete Krone, steigend und fallend zugleich, so steht sein Gezweig in der Luft, ein Hauch von Jugend und Geistigkeit umweht ihn, als rage er tiefer in den Himmel und seine Sterne hinein und gehöre weniger dem Irdischen an als andere Bäume. Und wenn der Herbst kommt und die Blätter fallen, dann steht er in einem Kreis von fast unirdischem hellen Gold.

Ein Fremdling ist er und seinesgleichen jetzt in Europa. Einst, im Zeitalter des Jura und Perm, besiedelte seine Art unser Gebiet in dichten Wäldern, bis er, durch die Katastrophen der Eiszeit vernichtet, sich allein in Japan und Korea noch erhalten hat, wo er als heiliger Baum die Tempel hütet. 1754 brachte ihn ein Deutscher von dort zurück in ein Gewächshaus nach Europa, und seitdem setzt er, nun bewunderter Gast in der einstigen Heimat, seine Wurzelfüße in unseren Boden. Als bewunderter, schicksalsreicher Fremdling, so hat er auch im September 1815 Goethes Augen auf sich gezogen, und seitdem haben Baum und Blatt auch bei uns Dauer gewonnen.

Von langem Stiel erhebt sich eine Fächerform, die sich durch tiefen Einschnitt in der Mitte zur Herzform wandelt. Von dem Stengelgrund gehen nebeneinander die Blattrippen Strich für Strich wie zusammengelegte Nadeln zum Rand. Ein Blatt, zusammengewachsen aus Nadeln? Nadeln, vereinigt zu einem Blatt? Ist dies ein Blätterbaum, der sich zum Nadelbaum verdichtet? Ist es ein Nadelbaum, der sich zu Laub entfaltet? Zwiegesichtiges Blatt! «Eins und doch doppelt», so hat Goethe versunken in seinen Anblick gesagt. Und seitdem ist «dieses Baums Blatt» ihm zum Zeichen der Liebe geworden, mehr noch, zum Sinnbild seiner Weltanschauung.

Das ist in den hohen Tagen des September 1815 gewesen, als das Schicksal dem Sechsundsechzigjährigen eine gnadenreiche Fülle an neuem Leben und neuer Liebe bereithielt: die Begegnung mit dem Reichtum östlich-persischer Weltanschauung, die Liebesbegegnung mit Marianne von Willemers geistgetragener Vitalität, die beschwingende Begegnung mit der alten Heimat an Rhein, Main und Neckar. Damals entfaltete sich der Reichtum des schönsten deutschen Gedichtbuchs, der «West-östliche Divan», Gedicht um Gedicht aus ihm hervor. Und in jenen hohen Septembertagen, da bricht er erschüttert einen Zweig von dem Ginkgobäumchen, das er in Frankfurt sieht, und schickt es an Marianne mit diesem Gedicht:

Dieses Baums Blatt, der von Osten
Meinem Garten anvertraut,
Gibt geheimen Sinn zu kosten,
Wie's den Wissenden erbaut.
Ist es *ein* lebendig Wesen,
das sich in sich selbst getrennt?
Sind es *zwei*, die sich erlesen,
Daß man sie als eines kennt?
Solche Frage zu erwidern,
Fand ich wohl den rechten Sinn.
Fühlst Du nicht an meinen Liedern,
Daß ich eins und doppelt bin?

Und wenige Tage später, da stehen die beiden Liebenden gemeinsam im Heidelberger Schloßpark wieder vor
einem Ginkgobaum, und es ist nicht schwer, sich auszumalen, mit welchem Gefühl Goethe zum zweitenmal
«dieses Baums Blatt» gepflückt und es so seltsam vom
Schicksal bestätigt, als Zeichen dauernder gegenseitiger
Bindung der Geliebten gegeben hat. Noch nach zehn
Jahren gedenkt Marianne in ihrem Geburtstagsbrief an
Goethe «dieses Baums Blatt», und ein Vierteljahr vor seinem Tode schreibt sie an ihn: Sagen wollte ich, «daß ich
diesen Herbst in Heidelberg war, wie es einer andächtigen Pilgerin geziemt, die durch Freud und Leid geweihten Orte alle besucht habe und ein Blatt von der bekannten Ginkgo biloba zu mir steckte...»
Zum Zeichen einer der geistigsten Liebesbeziehungen
in der Welt ist so «dieses Baums Blatt» geworden: eins
und doppelt; ich und du, wie das Blatt, so ist der Liebende in seiner Liebe. Das tragische Thema von dem

Getrenntsein und dem Wiederfinden, von der ewigen Zweiheit, die durch Liebe zu Einheit werden kann, hier schien es für Goethe unmittelbar *anschaubar*.

«Meinem Garten anvertraut» — welche Behutsamkeit, welche Ehrfurcht vor jedem Ereignis, das schicksalhaft werden kann, wenn ihm nur recht begegnet wird. Noch tiefer muß der Sinn dieses Blatts erfaßt werden. Der Weg geht von der Liebe, die der einzelnen gilt, zu der Liebe, die alles Gottentstammte umfaßt. Goethe hat «dieses Baums Blatt» noch einmal als Symbol weitergegeben mit den Worten: «Zur Erinnerung an glücklichste Septembertage». Da gilt es dem jungen Geistgefährten jener hohen Tage, dem Kunstforscher Sulpiz von Boisserée, mit dem er die tiefdringenden Gespräche seines damals weit geöffneten Wesens geführt hat. Da geht es um das eigentliche Thema des «Divans»: um Polarität und Wandlung. Es ist nach Goethescher Erkenntnis das Geheimnis der göttlichen Kraft, sich geteilt zu offenbaren, im positiven Pol und im negativen, in Licht und Finsternis, in Gut und Böse, im Ich und Du, in Nadel und Blatt. Eines bedingt das andere, eines wäre nicht ohne das andere. Und der *Mensch* nun ist berufen, diese Zweiheit auf höherer Ebene zu einer neuen Einheit wieder zusammenzuschließen. Die unbewußte Wandlung, die das Auge am Stofflichen überall ablesen kann, zu einer bewußten Wandlung im Geistigen, Sittlichen zu machen, das ist die Forderung, die Goethe oftmals an sich selber vollbracht, zur Lebensforderung erhoben hat. Metamorphose! Dem Wissenden gibt dieses Blatt «*geheimen* Sinn zu kosten», nicht nur den offenbaren. In jeder irdischen Form kann die dahinter wirksame gestaltende

Idee erkannt werden. Er hält das Blatt des Ginkgobaumes in der Hand und schaut hinter dem einmalig Gewordenen das ewig Werdende am Werk, die Metamorphose, die reine Wandlung! Sie ist ebenso sehr Gnade wie Leistung eines freien sittlichen Willens. Wie überall außen, so liegen auch in uns selbst die gegensätzlichen Pole. Neben den hellen Kräften unseres Geistes die dunklen Dämonen unseres Wesens, die untrennbar sind von unseren Vorzügen. Nichts ist auszurotten, alles aber ist zu verwandeln. Das ist der geheime Sinn, den Goethe in «dieses Baums Blatt» erschaut. Doch dann offenbart er sich noch tiefer: «Fühlst du nicht an meinen Liedern, daß ich eins und doppelt bin?» Einerseits ist er der Liebende, der beglückt und beglückt ist – andererseits aber folgt er dem geheimen Auftrag seines Wesens, seiner Sendung, die ihn zu Verzicht, zu Entsagung zwingt. Marianne und andere haben nach dem Glück schmerzlich darunter gelitten; ihm aber gelang es nur so, sich «in gleichem Gewicht» zu halten.

Auf dem Baum am Fürstenhaus hat Goethes Blick noch nicht geruht – er ist wohl erst nach seinem Tod gepflanzt worden –, aber «dieses Baums Blatt» in die Hand nehmen und besinnlich die kühlweiche Lederfläche und die feinnervigen Adernadeln darin zu fühlen, heißt, sich der geistig-seelischen Kraftzone Goethes nähern und sich Gottnatur offenbaren lassen: Blatt eingerollt zur Nadel, Nadel gespreitet zum Blatt, vereint zu einem Nadelblatt in Herzform.

Großherzogin Sophie

oder
Die Pflicht der Erben

Helgoland — einsame Insel mitten in der Nordsee, umweht von Wind und Wetter, umspült von schäumender Brandung und weithin offenem Meer, umkreist von Möwengeschrei. Alljährlich nimmt dort in den neunziger Jahren des vorigen Jahrhunderts eine nicht mehr junge Frau ihren einsamen Aufenthalt — im August und September, wenn der Herbst beginnt und schon Stürme die Insel umtoben. Auf den hohen Klippen wohnt sie in einem kleinen Haus, das kaum für eine Hofdame und einen Diener zusätzlich Platz hat: die Großherzogin Sophie von Sachsen-Weimar.

Acht Wochen im Jahr Atempause — acht Wochen frei von Pflicht und Zeremoniell, acht Wochen nur hingegeben an Einsamkeit und eigene Gedanken. Nur der Wind ihr Begleiter, wie eine Orgel vielleicht für ihr Gespräch mit Gott. Dies ist die Frau, die unvergänglichen Anteil daran hat, daß das Erbe Goethes gesichert noch heute wirken kann bis in alle Enden der Welt.

Als geborene Holländerin, nun eingeengt in der Mitte Deutschlands die Königliche Prinzessin der Niederlande — allzeit besteht sie stolz auf der Beifügung dieses zweiten Titels. Da tritt bei allem selbstlosem Dienen, das ihr zu eigen war, ein unbeugsames Ichbewußtsein zutage, das ihr half, ihr Leben zu leben. Aber eben diese tiefe Zwiespältigkeit hat auch aus dem zierlichen Mädchen, das mit kaum achtzehn Jahren anmutig, leichtfüßig tanzend, hell singend, ihrem um acht Jahre älteren Vetter, dem Großherzog Karl Alexander von Sachsen-Weimar, als Gattin nach Weimar folgte, eine zwar geachtete, doch insgeheim gefürchtete Herrin gemacht. Wenn sie bei einer Gesellschaft — so berichtet die Freiin von Freytag-Loringhoven, eine Weimaranerin — ein Haus wieder verließ, wo sie eingeladen gewesen und auch höflich die Einladung angenommen hatte, atmete man erleichtert auf, während dem Großherzog Karl Alexander fröhliche Gastgeber bis auf die Straße hinaus zu seinem Wagen folgten, um angeregte Gespräche nicht enden zu lassen. Dabei bewies die Fürstin außergewöhnliche Anteilnahme am Schicksal ihrer Mitmenschen und half mit ihrem Privatvermögen im Verborgenen in verständnisvollster und großherzigster Weise. Doch eine puritanische Strenge und unnachsichtige Achtsamkeit auf Äußeres, ein wacher Sinn für Formen, der sich auch auf Kleidung und Haltung erstreckte, schreckte all diejenigen, die durch Rang und Geburt ihren Umkreis bildeten. Vielleicht aber trug gerade dieses Herausgehobensein dazu bei, daß sie fähig war, die übergroße Aufgabe zu bewältigen, die ihr das Schicksal auferlegt hatte.

Sophie wurde am 8. 4. 1824 als einzige Tochter Wilhelms II. von Oranien und der russischen Prinzessin Anna Pawlowna im Haag geboren. Im Jahr 1840 trat ihr Vater die Regierung als König der Niederlande an. Durch ihre Mutter, einer Schwester Maria Pawlownas in Sachsen-Weimar, bestand bereits eine nahe Verbindung zu Thüringen, die so entscheidend für ihr Leben werden sollte. Bis zu ihrem zehnten Lebensjahr wuchs Sophie in einer eigenen kleinen holländischen Meierei in Soestdijk auf, wo sie Blumen und Tiere versorgte, melken, buttern und Käsemachen lernte, kochte, backte und in Holzpantinen umherlief wie andere kleine Holländerinnen auch. Ihr Sinn für praktisches Tun und ihr Gefühl für Verantwortung wurde auf diese Weise früh geweckt. Nebenbei leitete der Vater sie zu tiefer Religiosität an, und ein französischer Hauslehrer sorgte für ihre Allgemeinbildung. Das kindlich fröhliche Mädchen entwickelte einen scharfen Verstand, es schätzte Pascals tiefgründige religiöse Schriften und Bacons staatspolitische Essays. Als Wilhelm II. die Regierung seines Landes übernommen hatte, ließ er die Tochter an allen Regierungsgeschäften teilnehmen. Sie lernte in strenger Etikette repräsentieren, diplomatisch denken und handeln, lernte fremde Länder kennen wie Frankreich, England, Rußland, Italien und Deutschland. Und als Karl Alexander, der gutaussehende, elegante und gebildete Thronfolger von Sachsen-Weimar, lange Jahre Goethes Zögling, um die Hand seiner Cousine anhielt, wußte er, wen er seinem Lande erwählte. Auch für sie war Weimar nicht unbekannt: bereits die Siebenjährige hatte mehrere Wochen mit ihrer Mutter den Hof der Tante Maria Pawlowna besucht, und so schloß sie diese Ehe wohl mit freudiger Erwartung.

Die feierliche Trauung fand im Haag am 8. Oktober 1840 statt, und als das Paar nach den anstrengenden Zeremonien in Sophies eigene Gemächer zurückkehrte, fiel sie in fröhlicher Verliebtheit ihrem Gatten um den

Hals. Der Sachsen-Weimarische Kammerherr staunte über dieses unzeremonielle Gebaren: «Sie hing an ihm wie ein Pompadour», sagte er spöttisch. Und gewiß, der Unterschied zwischen dem hochgewachsenen Karl Alexander und der kleinen, zierlichen Sophie war auffällig.

Dann kam der Abschied von der Heimat: in Rotterdam bestieg das junge Paar das Rheinschiff, das sie zunächst nach Mainz bringen sollte. Prinz Heinrich, Sophies Bruder, begleitete sie bis zum Hafen. Der Kapitän des Schiffes stand in Galauniform an der Landungsbrücke zum Empfang bereit. Sophie aber zögerte, blieb stehen, ehe sie die Schiffsbrücke betrat, zog Papier und Bleistift aus ihrer Handtasche und schickte sich an, auf der unbequemen Unterlage einen letzten Gruß nach Hause zu schreiben. Der Kapitän, bereit zu helfen, riet, dies doch bequemer auf dem Schiff zu tun. Die Achtzehnjährige aber erklärte sehr bestimmt: «Ich muß auf vaterländischem Boden stehend das letzte Lebewohl schreiben.»

Da nahm der Offizier seinen steifen Dreispitz vom Kopf, bog ihn zusammen und hielt ihn ihr zur Unterlage hin. Er entblößte sicher nicht nur um dieser Hilfe willen das Haupt.

Die Fahrt ging von Mainz weiter nach Eisenach, wo das regierende Paar Großherzog Karl Friedrich und Maria Pawlowna die jungen Thronfolger in Deutschland begrüßte. Weiter ging es für die Jungvermählten über Gotha, Erfurt, Nohra zu dem einsamen Dorfgasthof Neuwallendorf, wo die Festkleider angelegt wurden und die Abgesandten der Stadt zur ersten Begrüßung versammelt waren.

Zwanzig junge Weimaranerinnen in holländischer Tracht knicksten als erste vor der jungen Fürstin. Ein langer Zug jubelnder Bevölkerung geleitete das Paar in die Stadt hinein; sechs Isabellenpferde, mit ihrem hellen Fell und den rosa Nüstern herrlich anzusehen, zogen den offenen Wagen, in dem Sophie saß. Die fast weißen Mähnen wehten. Der gutaussehende schlanke Karl Alexander ritt zur Seite des Wagens. Das war im Jahre 1842 – zehn Jahre nach Goethes Tod.

Nun folgten elf lange Jahre für das Thronfolgerpaar in stillem Warten auf selbständige Regierung, eingeschränkt durch ein steifes höfisches Zeremoniell. Im Sommer wohnte man zumeist abseits von der Stadt in Schloß Ettersburg. 1844 wurde ein Sohn geboren: Karl August, 1849 die Tochter Marie und 1851 wiederum eine Tochter: Anna. Das kleine Schloß lag einsam im herrlichen Hochwald. Es blieb genug Zeit, sich mit kulturellen Aufgaben zu beschäftigen. Sophie nahm an Liszts umfassendem Plan einer Goethestiftung und an den Arbeiten, die der Wiederaufbau der Wartburg erforderte, lebhaften Anteil, obwohl ihr Hauptinteresse eher auf kirchlichem und volkswirtschaftlichem Gebiet lag. Im Winter wurden schöne Reisen unternommen: nach Italien, wo man fast ein halbes Jahr lang blieb, nach Rußland, England und Frankreich.

Im Jahre 1853 starb Großherzog Karl Friedrich, und Karl Alexander übernahm die Regierung. Der ständige Wohnsitz des jungen Paares lag nun inmitten der Stadt, im Schloß nahe der Ilm – und seitdem litt Sophie unter der feuchten, dumpfigen Weimarer Luft. Sie hatte ständig Halsentzündungen und benutzte darum bei ihren

Ausfahrten einen geschlossenen Wagen. Schon das entfremdete sie ein wenig der Bevölkerung, die es kleinstädtisch gewöhnt war, ihr Fürstenpaar bei den Ausfahrten zu sehen und zu grüßen. Sophie, die bisher kundig den eigenen Haushalt in Ettersburg überwacht hatte, übernahm nun auch in der Stadt mit fester Hand die Leitung der Hofhaltung: sie kümmerte sich auch um Kleinigkeiten, bestimmte den Speisezettel und wachte mit Strenge über alle Vorgänge im Schloß. Als im Jahr 1859 ihre achtjährige Tochter Anna trotz der intensiven persönlichen Pflege durch die Mutter an schwerer Krankheit starb, begann es wohl, daß sich die Kühle, die in ihrem Wesen lag, mehr und mehr in den Vordergrund schob. «Je maintiendrai» – ich werde durchhalten – der Wahlspruch des Hauses Oranien wurde nun sichtlich ihr Leitsatz. Nicht nur ein strenger, selbstbewußter Wille klingt hier auf, sondern auch vernehmbar die Einsicht in die Tragik und Schwere ihres Daseins. Der breite, einst zu frohem Lächeln bereite Mund preßte sich mehr und mehr in entsagendem Willen zusammen, die genau beobachtenden braunen Augen bekamen die kühle, unnachsichtige Strenge, die fortan so viele in ihrer Umgebung schreckte. Es erscheint der Gegenwart grotesk, daß ihr bei Empfängen ein Zeremonienmeister zur Seite stand, der auf ihren Wink mit auf den Boden klopfendem Stab zur Ordnung rief. Aber die Dienerschaft hing ihr mit Ehrfurcht an. Sie kannte sie alle mit Namen, überwachte zwar unnachsichtig die tadelsfreie Erfüllung ihrer Aufgaben, erwies ihnen aber andererseits eine Höflichkeit, die ihnen nicht oft zuteil wurde. Wenn sie in ihren Wagen stieg oder ihn verließ, versäumte sie nie, den

Kutscher auf dem Bock und den Lakai, der ihr den Schlag öffnete, zu grüßen, und zwar mit der gleichen Verneigung, die sie einem regierenden Fürsten erwies.

Sie war und blieb bei aller zunehmend zutage tretenden Verschiedenheit der Gatten zeitlebens die verständnisvolle, hilfreiche Gefährtin ihres Mannes. Mit dem Wort: «Der Großherzog liebt das nicht» ordnete sie sich ihm, in allem, auch gegen die eigene Meinung, unter. Für ihre Kinder war und blieb sie allezeit die persönlich sorgende Mutter. Zwar stand ihr der Erbgroßherzog Karl August mit seinem praktischen Wesen am nächsten. Jeden Morgen um die gleiche Zeit erschien er in der kleinen «Hellblauen Bibliothek», ihrem Arbeitszimmer, um mit ihr den Tag zu besprechen und an ihren Plänen teilzunehmen. Sein Tod am 20. 11. 1894 traf sie tief.

Aber nun, als regierende Fürstin, schuf sie sich mehr und mehr ihr eigenes Arbeitsgebiet, und das galt den Behinderten, den Kranken, den Alten und den Angehörigen des weiblichen Geschlechts. Eine bessere Ausbildung der Mädchen der gebildeten Stände lag ihr zunächst am Herzen. Sie gründete eine höhere Töchterschule, das Sophienstift, für das sie einige Zeit später in der Mitte der Stadt ein eigenes großes Schulgebäude in klassizistischem Stil errichten ließ. Sie kümmerte sich um Lehrplan und Lehrkörper und wohnte alljährlich den Schulprüfungen bei. Dann schuf sie für Blinde und Taubstumme eine eigene Anstalt und − vielleicht eingedenk der eigenen Atembeschwerden in der Weimarer Luft − errichtete in dem nahen Bad Sulza ein Soleheilbad. Da sie persönlich alles überwachte, erkannte sie schnell, wie notwendig eine Ausbildung tüchtiger Krankenschwestern war und daß diese auch ihrerseits gut umsorgt werden mußten. So baute sie zunächst ein Wohnheim für Diakonissen und daran anschließend ein großes Krankenhaus, das «Sophienhaus». Sie arbeitete selber Leitsätze für die Schwestern aus und gab sie alljährlich bei persönlichen Ansprachen den jungen Schwestern für ihren schweren Beruf mit, Hinweise, die sie selber in ihrem Leben zu verwirklichen trachtete, wie etwa der: «Die Herrschaft über sich selbst ist Vorbedingung für jegliche Tüchtigkeit und für ernsthafte und gewissenhafte Ausführung übernommener Pflichten.» Das Sophienhaus, das Sophienstift (heute trägt die Anstalt den Namen «Theodor-Neubauer-Schule»), die Blindenanstalt und Bad Sulza, inzwischen wesentlich erweitert und verbessert, zeugen noch heute von ihrer weitblikkenden sozialen Einstellung.

Auf dem Gebiet der Kunst und Wissenschaft, für das sich Karl Alexander besonders erwärmte, legte seine Gemahlin zumindest persönlich, tiefes Verständnis an den Tag. So ließ sie sich bei ihren Gesangsstunden von Liszt begleiten und schützte ihn vor Klatsch, indem sie abweisend entgegnete: «Zeigt mir einen, der seine Vorzüge besäße, so will ich mir auch seine Schwächen gefallen lassen.» Menschliche Anteilnahme und Fürsorge schienen ihr bei all den vielen Künstlern, die Karl August nach Weimar zu ziehen suchte, vordringlich. Den Dramatiker Friedrich Hebbel, der, noch immer gehemmt, unter seinem einfachen Herkommen litt, ermunterte, ja beglückte sie, wenn sie, etwa in Schloß Wilhelmsthal mit ihm in einer Tannenlaube sitzend und hausfraulich handarbeitend, teilnahmsvoll seinen Berichten und Bekenntnissen zuhörte. Bei einer Musikprobe des Kapellmeisters Eduard von Lassen im Schloß erschien sie im Konzertsaal, um nach dem Rechten zu sehen. Sie nahm dabei einem der Geiger sein Instrument aus der Hand und strich mit dem Bogen einige Saiten, um zu prüfen, ob nicht die Dekoration der aufgestellten Grünpflanzen den Künstler in seiner Bewegung hinderte. Bis in kleinste Einzelheiten versuchte sie so mit praktischem Verständnis für alle und alles zu sorgen. Moritz von Schwind, Hoffmann von Fallersleben, Hans Christian Andersen, um nur einige wenige zu nennen, haben in Gesprächen, Briefen, Tagebüchern dankbar davon berichtet.

Bei *einem* aber hat ihre vorsorgliche Art weltweite Folgen gezeigt, bei Goethes Enkel Walther, dem glücklosen Sonderling. Wann die junge Holländerin ihm zuerst in ihrem Weimar begegnet ist, wann sie die verlassenen Räume Goethes, die für sie so wichtig werden sollten, zum ersten Mal betreten hat, läßt sich nicht sicher sagen. Gewiß aber ist, daß sie von Anfang an lebhaft den Wunsch ihres Gemahls teilte, das große Erbe für immer in Weimar zu halten und dadurch die Weltgeltung der kleinen Stadt zu bewahren. Ihrem aufmerksamen verständnisvollen Blick entging nicht, daß dem kränklichen, unter seiner Sonderstellung leidenden Mann, der sich, wenn er in Weimar war, im Haus seiner Großmutter *neben* dem berühmten Gartenhaus Goethes, in der «Villetta», vergrub, eine befriedigende und auch besoldete Aufgabe fehlte. Sie war es, die 1867 dem Großherzog riet, Walther von Goethe anzubieten, er solle als eine Art kunstverständiger Berater und Verwalter die

Sammlung ihrer persönlichen Bücher und Kunstschätze betreuen. Walther von Goethe hat dies abgelehnt. Der Beweis teilnehmender Fürsorge hat ihm aber sicher wohlgetan, und vielleicht lag hier die Ursache dafür, daß er niemanden als sie zur Erbin des intimsten Teils des Nachlasses, der Handschriften, gemacht hat.

Zunächst aber geriet die wichtige Angelegenheit des Erbes 1870 durch den Deutsch-Französischen Krieg in den Hintergrund. Karl Alexander zog mit seinen Truppen ins Feld und setzte die Großherzogin als Regentin ein. Sie verabschiedete nun im Feldgottesdienst draußen vor der Stadt die ausrückenden Soldaten und richtete aus eigenen Mitteln, von ihren Besitzungen in Schlesien, Lazarette ein, besuchte Verwundete und Hinterbliebene. In Vertretung ihres Gemahls empfing sie nach dem Sieg den deutschen Kaiser am Weimarischen Hof, wobei sie klug die Wichtigkeit des kleinen Staates gegenüber Preußen zur Geltung zu bringen wußte.

Mitte des kommenden Jahrzehnts rückte dann die Angelegenheit des Goetheschen Erbes, da der jüngere der Goetheenkel, Wolfgang, in Leipzig gestorben war, erneut in den Mittelpunkt des fürstlichen Interesses. Karl Alexanders Tagebuch berichtet darüber: Am Donnerstag, dem 24. Mai 1883, habe er seinem Freunde Walther von Goethe den Gedanken nahegelegt, das große Erbe im Lande zu lassen. Er schreibt: «Er hört mich an, erzürnt sich nicht, aber schwieg. Der erste Pflock ist also gesteckt. Ich bete zu Gott, daß er mir gestattet, auch die übrigen zu stecken.» Und am Montag, dem 15. Juli des nächsten Jahres, dann: «Goethe kam, um mit uns zu speisen. Er blieb lange, um sich mit der Großherzogin zu unterhalten. Mit ihm spazieren gegangen. Er war so plauderfroh wie eine lange zurückgestaute Quelle.» Es läßt sich vermuten, daß Walther von Goethe in jener Stunde mit der Großherzogin seinen letzten Willen besprochen hat und daß der Druck seines Lebens angesichts ihrer Bereitschaft, das Erbe zu übernehmen, nun endlich von ihm genommen war. Als er die Handschriften in guten Händen wissen konnte, war er für eine Stunde «plauderfroh»!

Dreiviertel Jahre später, am 15. April 1885, ist er dann von dieser Erde gegangen. Sein Vetter, der Arzt Dr. Felix Vulpius, kam von Leipzig und überbrachte am Tag darauf dem Großherzog das Testament. Karl Alexanders Tagebuch berichtet darüber: «Ich las darin mit großer Bewegung . . .» und weiter: «Ich ließ die Großherzogin rufen, die von ihrem Spaziergang zurückkam, damit auch sie das Testament läse. Sie war auch sehr bewegt, und beide können wir Gott nicht genug danken, daß er geruht hat, diese wichtigen Entscheidungen zum Vorteile des Landes ausfallen zu lassen und zu dem unseres Hauses und daß wir dazu berufen sind – wenn Gott es will und wir es erleben –, das alles zum Nutzen und zum Wohle der Welt zu pflegen . . .»

Und so lautete Walther von Goethes Testament: «Eingedenk meiner Sterblichkeit treffe ich folgende letztwillige Verfügung . . .» Und nachdem er in mehreren Paragraphen den Großherzog zum Verwalter der Häuser und Liegenschaften eingesetzt hatte, lautete nun der § 6: «Ich ernenne zur Erbin des von Goethischen Familienarchivs, wie solches bei meinem Tode sich vorfindet, Ihre

Königliche Hoheit Frau Großherzogin Sophie von Sachsen. Es umfaßt gedachtes Archiv die großväterlichen (von Goethischen) Schriftstücke, Akten u.s.w., ferner das Privat-Archiv meines Großvaters wissenschaftlichen, poetischen, literarischen, administrativen und familiären Inhalts sowie alle von meinen Familienmitgliedern persönlichen Papiere, soweit sie sich in dem gedachten Archive befinden.

Möge Ihre Königliche Hoheit die Frau Großherzogin dieses mein Vermächtnis in dem Sinne empfangen, in dem es Höchstderselben durch mich entgegengebracht wird, als einen Beweis tief empfundenen, weil tief begründeten Vertrauens!

Weimar, am 24. September 1883.

Walther von Goethe.»

«Ich habe geerbt und Deutschland und die Welt soll mit mir erben —», habe sie wie ein Gelöbnis geäußert, so berichtet die Hofdame Wanda von Puttkamer.

Sophie ist inzwischen Matrone geworden, Gesicht und Statur füllig, das sorgfältig gescheitelte Haar unter einem schwarzen Spitzenhäubchen ergraut, der einmal zu verhaltenem Lächeln bereite Mund in entsagungsvoller Energie zusammengepreßt — nur die auffallend schöngebildeten schmalen Hände und Füße haben ihre einstige Form behalten. Wie immer in elegantester Toilette mit wertvollem Schmuck, im Alltag noch immer Französisch sprechend, so übernimmt sie mit einundsechzig Jahren eine der größten Aufgaben deutschen Geisteslebens. Schon am folgenden Tag ließ sie in Waschkörben und Koffern die kostbaren Papiere aus den so lange verschlossenen Zimmern Goethes zu sich bringen — in zwei Räume der zweiten Etage des Schlosses in der nordwestlichen Ecke. Aus Schränken und Schubladen, ja noch aus der Mansarde ließ sie Aktenbündel, Hefte und lose Papiere bis auf den letzten Zettel herbeisuchen und saß dann Stunde um Stunde — mit Handschuhen vor dem Staub geschützt — und sichtete ihr Erbe. Wohl entsetzte sich ihr strenges puritanisches Gemüt vor manchen unvermuteten krassen Äußerungen des bewunderten Genies auf religiösem wie auf sexuellem Gebiet; sie versuchte sogar in impulsiver Aufwallung, manches unleserlich zu machen. Doch wurde ihr in diesen Stunden andererseits sogleich tief bewußt, welch einmalig große Aufgabe ihr da zugefallen war, und sie war willens, diese Aufgabe aufs großzügigste zu erfüllen. Ihr aufs Reale gerichteter praktischer Sinn kam ihr dabei zugute. Mit bewundernswertem Gefühl für die Notwendigkeit weiter Verbreitung dieses Erbes plante sie, so bald wie möglich Goethes gesamten schriftlichen Nachlaß in einer großen Gesamtausgabe zu veröffentlichen. Sie machte sich sogleich ans Werk und rief sich bedeutende Männer zur Hilfe. Zunächst Gustav von Loeper, den juristischen Ratgeber am Preußischen Hof, der in der Hempelschen Goetheausgabe bereits versucht hatte, mit gedankenreichem Kommentar «Dichtung und Wahrheit» und die «Maximen in Prosa» zu erläutern; sodann den maßgebenden Berliner Germanisten Wilhelm Scherer. Der vielseitige Gelehrte war ein glühender Verehrer Goethes. Als er in Begleitung Erich Schmidts zum ersten Mal Goethes Arbeits- und Sterbezimmer betrat, brach er erschüttert in Tränen aus, schlug die Hände vors Gesicht und stürzte davon. Als Dritten hatte sie den jungen Wiener Germanisten Erich Schmidt für diese Arbeit herangezogen, der mit einem imposanten Äußeren und wacher Weltgewandtheit eine besondere Mitte zwischen den Fachgelehrten bildete. Doch durfte auch bei diesem auserwählten Gremium grundsätzlich nichts ohne ihre ausdrückliche Zustimmung und Genehmigung geschehen. Sie verfolgte die Berufung der einzelnen Mitarbeiter an der großen umfassenden Ausgabe. Sie bestimmte Format und Umfang der Bände, Druckart und Papier, und sie wählte bewußt eine Weimarer Werkstatt zur Ausführung: die Druckerei Hermann Böhlau. Es sollte alles so solide wie möglich, aber eben auch billig werden, damit die Ausgabe weite Verbreitung finden könnte. Sie selbst beanspruchte nicht einmal ein Freiexemplar für ihren Privatbesitz.

Wie allein sie im Grunde aber mit ihren großzügigen und sachdienlichen Plänen stand, bewies ihr einmal Herman Grimm, der Verfasser einer frühen vielbewunderten Goethebiographie, dem sie ihre weitreichenden Pläne anvertraute, doch er riet ihr ab und begründete seine Ansicht damit, daß seiner Meinung nach «Frauen, zumal Fürstinnen, ihre Pläne in den seltensten Fällen zur Durchführung brächten». Es mag sein, daß der eigenbrödlerische Mann, der sich aus Liebe zu Berlin Berliner Dialekt angewöhnt hatte, fachlich bestürzt und zugleich enthusiasmiert über den Umfang ihrer Pläne, sich ein solches Wort herausnahm, aber es ist auch bewundernswert zu sehen, daß die Fürstin sich dadurch weder in ihrem Plan beirren ließ, noch war sie sonderlich verstimmt, als sie ihm antwortete: «Sie werden sehen, Herr Professor, daß *ich* meine Absichten durchzuführen pflege.»

Da ist wieder das tapfere Leitwort ihres Lebens: «Je maintiendrai» – ich werde durchhalten, und sie ging dabei sogar so weit, Einblick in die Manuskripte der Herausgeber zu nehmen. So prüfte sie das Manuskript der Vorrede, die Herman Grimm dem ersten Band der großen Ausgabe voranschicken wollte: In einem Schreiben vom 4. August 1887 bat sie den Verfasser, in seiner Darstellung der Geschichte des Erbes seine Worte über die Goetheenkel zu ändern. «Ich möchte diese Abänderungen vorschlagen», so schrieb sie, «um nicht die lebenden Freunde der Brüder Göthe peinlich zu berühren oder der übelwollenden Kritik Waffen in die Hand zu geben.» Am 21. August las sie sodann den daraufhin abgeänderten Aufsatz Grimms, dankte ihm aufs höflichste für seine erneute Arbeit, fuhr aber dann fort: «Ich habe den Eindruck erhalten, als ob die mir heute vorliegenden Blätter, trotz aller Vorsicht, die Brüder Goethe schärfer als dieses in den früheren geschehen ist behandeln ...» Und weiter: «Mein Vorschlag, ich möchte besser sagen, meine vertrauensvolle Bitte, erstreckt sich auf Modifikationen, am Ende von Seite 2 auf Seite 3 und einen Theil von Seite 4.» Dann schließt sie: «Ich ersuche Euer Hochwohlgeboren alles von mir Gesagte als einen erneuten Beweis meines vollen Vertrauens entgegen nehmen zu wollen und verbleibe mit vollkommener Hochachtung Euer Hochwohlgeboren wohlgeneigte Sophie.»

Wenige Sätze zuvor aber mahnt sie deutlich: «Es besteht die feste Verabredung, daß die Herren Redactoren keinen wichtigen Schritt thun ohne mein Vorwissen und mein Einverständnis und dieselben haben die bestimmte

Zusicherung erhalten, daß ich gewissenhaft dieselbe Handlungsweise durchführen werde.»

Vielleicht wurde so hie und da von ihr ein Rahmen gezogen, der mit kategorischer und selbstbewußter Strenge so manche freie geistige Impulse hinderte und eine geheime Polemik heraufbeschwor. Dafür aber wurde durch sie etwas beschleunigt ins Werk gesetzt, was angesichts der vielfältigen Probleme einer solch gewaltigen Aufgabe durch Wissenschaftler allein sicher nicht zustande gekommen wäre.

In 144 Bänden lag der Goethesche schriftliche Nachlaß nach fünfundzwanzig Jahren bereits vor, noch heute unersetzbar. Die Ausgabe nannte sich zunächst mit Recht «Sophienausgabe».

Wie wichtig ihr Verantwortungsgefühl für die Sache manchmal war, zeigt folgendes: Als sie dem Herausgeber des Goethejahrbuchs Ludwig Geiger zum ersten Mal Manuskripte aus ihrem Besitz zum Druck überlassen hatte, nämlich die Briefe des jungen Studenten an seine Schwester und an seinen Freund Behrisch, korrigierte sie selbst die Druckfahnen und berichtigte dabei den nur oberflächlich gehandhabten Abdruck Geigers.

Im Jahr 1889 fügten Enkel und Urenkel Schillers, die Freiherren Ludwig und Alexander von Gleichen Russwurm, dem Nachlaß Goethes das Erbe ihrer Familie hinzu, und es wurde zum beredten Zeichen der unzertrennlichen Vereinigung der beiden Großen aus dem «Goethe-Archiv» das «Goethe- und Schiller-Archiv», ein geistiger Mittelpunkt europäischer Kultur. Auch die Großherzogin selber bereicherte ihre Sammlung fortgesetzt durch eigene Mittel in großzügigster Weise. So kaufte sie für 40 000 Taler von dem Rechtsanwalt Robert Keil wichtige Handschriften Goethes, die diesem durch seinen Onkel, Goethes Sekretär Kräuter, zugekommen waren.

Aus ihrem zweiten großen Plan, eine umfassende Goethebiographie zu schaffen, ist nichts geworden, da bewahrheitete sich Herman Grimms respektloser Zweifel: Ihre Absicht, die verschiedensten Fachleute zu Worte kommen zu lassen, wäre wahrscheinlich bereits an der Größe und Uneinheitlichkeit des Verfasserkreises gescheitert. Aber der dritte Plan, ein schloßähnliches Museum zur Aufbewahrung der wertvollen Papiere zu bauen, beschäftigte völlig ihre letzten Jahre und kam bewundernswert zur Ausführung. Ein Wahrzeichen der Stadt sollte entstehen, und so bestimmte sie jenen nahen Hügel zum Bauplatz, der, jenseits der Ilm, ihr allzeit von den Goethezimmern im obersten Stock des Schlosses vor Augen gelegen hatte, «Die Altenburg». Sie erwarb das weite Gelände unmittelbar über dem Fluß und nahm damit in Kauf, daß zunächst ein kostspieliges solides Fundament über dem Ufer errichtet werden mußte, um dem Gebäude sicheren Halt zu verleihen. Sie prüfte nicht nur die Baupläne, sondern fertigte sogar eigenhändig Skizzen für den Bau an – sie werden noch heute im Archiv aufbewahrt –, auch kontrollierte sie ihre praktische Durchführung bis in alle Einzelheiten. Fast täglich, bei jedem Wetter, ließ sie sich zur Altenburg hinauffahren und zeichnete, wenn erforderlich, mit ihrem Regenschirm in den nassen Boden ein, wie sie sich alles gedacht hatte. Die Bauleute staunten oft über ihre sachverständigen Anordnungen. In dem Archiv, das wie alle ihre Bauten in klassizistischem Stil errichtet wurde und wobei ihr dieses Mal das Kleine Schloß Trianon in Versailles ein Vorbild war, bestimmte sie jedes Material, jede Raumeinteilung, jeden Farbanstrich, jede Schrankform, ja jeden Stuhlbezug.

Am 21. Juni 1897 wurde das Archiv eingeweiht. Zahllose Fürstlichkeiten, Gelehrte, Goethefreunde waren zu dem einmaligen Fest erschienen. Beethovens «Lied an die Freude» erklang zu Beginn. Mit tiefer Bewegung nahm Sophie sodann aus der Hand von Erich Schmidt eine kostbare, ganz besondere Gabe entgegen: sieben schwere Folianten, in denen all jene Briefe, Billetts und Zettel, die Goethe in seiner ersten Weimarer Zeit an Charlotte von Stein gerichtet hatte, sorgsam eingeklebt waren. Goethefreunde hatten die wertvollen Bände vor einem Ankauf eines Liebhabers in Amerika bewahrt und sie nun dem Archiv zur Einweihung gespendet. Die Großherzogin dankte spontan mit freien Worten in deutscher Sprache. Sie war gekränkt, als ein Reporter später erwähnte, ihr Deutsch habe einen fremdartigen Klang gehabt. «Ich habe die deutsche Sprache zweifellos intensiver studiert als jener Herr», so äußerte sie sich ärgerlich ihrer Hofdame gegenüber. Für sie war diese Bemerkung eben nicht nebensächlich, sondern abträglich für ihren Drang nach Vollkommenheit, der sie bei all ihren Unternehmungen auszeichnete.

Ein einziges Jahr war es ihr vergönnt, sich an dem schönen Bau, der ganz nach ihrem Willen die kleine Stadt überragte, wie an den stetig erscheinenden Bänden der Sophienausgabe zu freuen.

War es wirklich Freude für sie? Es war die Erfüllung

einer ihr zugewiesenen Aufgabe, die sie nicht nur gewissenhaft, sondern mit dem ihr eigenen kategorischen Pflichtbewußtsein löste. Was untergründig in ihr lebte, deuten aber wohl die Worte an, die sie zu ihrer jungen Vertrauten einmal äußerte: «Ruhe im Tod? Könnte ich unter den Bäumen des Friedhofes schlafen! Ruhe werde ich nicht haben, wenn ich tot bin, denn die Huldigungen für Schiller und Goethe lassen uns da unten in der Fürstengruft kein Alleinsein. Selbst im Tode stehen wir doch unter diesem Zeichen!»

Die besondere Auszeichnung ihres Lebens war nicht nur Ehre und Freude für sie, sondern eine mutig getragene Last. Das Bild der nicht mehr jungen Frau, die auf der Insel Helgoland alljährlich acht Wochen in Einsamkeit Urlaub machte, ist wie ein fast tragisches beredtes Zeichen: Bei jedem Wetter, so wird berichtet, stieg sie hinab an den Strand, um bei hohem Seegang, ja bei Nebel und Regen, eine Ausfahrt aufs Meer zu machen. War es Flucht? Oder suchte sie, die gebürtige Holländerin, auf diese Weise Kraft für ihre schwere Aufgabe? Niemand weiß, was sie damals auf der Höhe der Insel Helgoland Gott anvertraut hat, zu dem sie sich als alleinigem Maßstab ihres Lebens bekannte, aber das Bild dieser einsamen mutigen Frau zeigt deutlich, zu wem Goethes Enkel das Zutrauen faßte, so daß er ihr die kostbare Hinterlassenschaft seines Großvaters in die Hände legte «als einen Beweis tief empfundenen, weil tief begründeten Vertrauens».

Bernhard Suphan

oder
Die Opfer in den Burgen
des Geistes

«Onkel Suphan» − so hieß er bei uns Kindern, und ich
höre im Geist noch heute eine seltsam hohe und ein wenig brüchige Stimme, die abwehrend sagt: «Nun, heute
nicht, ich komme mal des Abends, wenn die Kinder im
Bett sind −». Und ich sehe ihn noch heute vor mir, einen
untersetzten, nicht sehr großen, dicklichen Mann mit
spärlichem weißem Haar in offenstehendem, aber vor-
nehm wirkendem langem schwarzem Gehrock, und ich
fühle eine weiche Hand mir über den Kopf streichen.
Ich bemerke aber, daß er mich dabei gar nicht ansieht,
sondern irgendwohin zur Seite blickt, vielleicht zu der
neben mir stehenden Schwester − Suphan schielte auffällig. Dennoch hatte er eine besondere Ausstrahlungskraft: trotz aller Schwere etwas Leichtes, ja fast Jugendli-
ches. «Frau Gevatterin», sagte er mit bedeutsam-schmei-
chelnder Betonung zu meiner Mutter, denn er war der
Pate unseres älteren Bruders. «Frau Gevatterin, ich
komme doch nur zu gerne zu Ihnen», und er überreichte
nun erst, sich leicht verneigend und aus seiner Tasche
ein Paketchen hervorziehend, dessen Seidenpapier er
umständlich abstreifte, ein kleines Säulenstück aus weißem Biskuitporzellan, umrankt von einem Zweig künst-
licher, aber reizender rosa Röschen: ein zierliches Ab-

bild der Gartentür des Goetheschen Gartenhauses im Park. Es war ein sorgsam und feinsinnig ausgewähltes Geschenk und sollte doch wie eine fast zufällige, beiläufige Liebenswürdigkeit wirken. Ich sah, daß meine Mutter entzückt lächelte; sie fühlte den ungewöhnlichen Charme, der alles, was Suphan sagte und tat, zu etwas Besonderem, zu etwas Geistreichem, ganz persönlich Schmeichelndem machte. Und doch blieb da etwas seltsam Zwiespältiges: etwas Ungeschicktes, etwas Gespreiztes, Geziertes, fast Unechtes.

Auch in seinem Gang drückte sich dieses Zwiespältige aus: er hatte kleine Füße mit immer gepflegten, glänzenden Schuhen und trat trotz körperlicher Schwere leicht auf; aber er schob sich mit seinen Schultern vorwärts, so als müsse er erst einen Widerstand bewältigen, einen Widerstand von außen, vielleicht auch einen Widerstand in sich selber. Es ergab eine seltsam schraubende Bewegung. Nicht nur der auffällige Augenfehler, nicht nur die hohe brüchige Stimme und die fast weiblichen Hände waren mir als Kind fast zuwider, obwohl ich meine Eltern immer nur mit größter Hochachtung von Suphan sprechen hörte. Da war etwas Charmantes, aber auch Liebedienerisches in ihm und machte ihn zum faszinierenden Causeur; gleichzeitig etwas Brüskes, sich herrisch und eitel zur Geltung Bringendes. Wie sehr aber diese seine äußere Erscheinung und das, was mir als Kind in Erinnerung geblieben ist, charakteristisch für ihn waren, ja Zeichen seines Schicksals gewesen sind, ist mir erst viel später aufgegangen: Suphan hatte schon durch seine äußere Erscheinung einen schwierigen Lebenskampf zu führen, den er zunächst bewundernswert und mit großem Erfolg bestanden hat, den er aber schließlich nicht mehr zu bewältigen vermochte. Die Augen sahen wohl zuletzt − trotz aller Bemühung − nicht mehr die Realität, und die Kraft war aufgezehrt, um die Schultern gegen die Widerstände zu stemmen und die zu leichten Füße über den Boden der Wirklichkeit zu tragen.

Dieser Mann hat im Leben meiner Eltern und in dem von uns Kindern eine bedeutsame Rolle gespielt. Denn er war es, der durch sein lockendes Angebot meinen Vater, den Kölner, dazu ermutigte, die Stellung als freier Mitarbeiter am Goethe- und Schiller-Archiv anzunehmen; eine Stellung, die ihm zwar höchste Lebenserfüllung brachte, aber lebenslang keinerlei finanzielle Sicherheit bot. Es war Suphans liebenswürdige, ja fast leichtfertige Art, Versprechungen zu machen, die er wohl im Augenblick gut meinte, aber nicht wirklich einzuhalten vermochte. Ein einziges Mal nur äußerte mein Vater sich sarkastisch über Suphan mit einem bissigen Scherz: Er schilderte, wie bei einem Festessen Suphan jemandem hatte zuprosten wollen, sein Glas erhob und dem Betreffenden zulächelte − da habe sich, durch den schielenden Blick veranlaßt, der Nachbar geehrt erhoben. Suphan habe gestutzt, nun diesen angeblickt, worauf nun wiederum dessen Nachbar aufgestanden sei. So habe er die ganze Tafelrunde verwirrt. Mein Vater war Rheinländer und Künstler, er lächelte dabei, und ich fühlte, er malte da ein komisch übertriebenes Bild. Erst jetzt fällt mir das Symbolische seiner Schilderung auf. Denn es war nicht Max Hecker allein, der durch Suphans Versprechungen getäuscht wurde. Die meisten zwar sind verbittert, jedoch beizeiten, gegangen, der Idealist Max Hecker nicht. Doch darf nicht ungesagt bleiben, daß jenes bedeutungsvolle Testament Walther von Goethes, bei dessen Eröffnung die ganze Welt jubelte, einen Teil der Schuld an Suphans Verhalten trug: Dieses Testament legte den kostbaren Schatz europäischen Geistesguts als individuellen, ganz persönlichen Besitz in die Hand eines einzelnen Vertreters eines Fürstenhauses und machte damit alle Arbeiter an diesem Schatz hinfort zu Untertanen, die, statt sich frei ihrer großen Aufgabe widmen zu können, durch persönliche Willkür eingeengt wurden – auch der Direktor selbst. Und je weiter Suphans zwiespältige Persönlichkeit dem Blick entschwindet, um so deutlicher wird seine große, unanfechtbare Lebensleistung gerade in solcher Lage und um so unumgänglicher die Forderung, sein Lebensbild und seine wissenschaftlichen Verdienste festzuhalten und ins Gedächtnis der unzähligen Nutznießer dieser seiner Arbeit zu rufen.

Bernhard Suphan, geboren am 18. Januar 1845 in Nordhausen, war zunächst nach dem Studium der Germanistik und der klassischen Philologie in Halle Gymnasiallehrer an der Latina geworden. Und er war mit Hingabe und Erfolg Lehrer. Sein idealistischer Schwung, sein echter Kunstverstand, sein ausgebreitetes Wissen wußten seinen Schülern fortdauernde Begeisterung einzuflößen. Noch nach Jahren hingen sie ihrem Lehrer dankbar an und vergaßen nicht, daß er es gewesen war, der sie gelehrt hatte, wahre Dichtung zu erleben und vollendete Form zu erkennen. Doch vergaßen sie dabei gleichfalls nicht seine etwas komische manirierte Art, seine Eitelkeit, um jeden Preis etwas eigenwillig-originell zu sagen: So habe er einmal die Interpunktionszeichen als verschieden geformte Männlein charakterisiert, die in den Satz wie in eine Stube hereinspaziert kämen und dort Ordnung schafften.

Der so in besonderem Maße hervorragende Lehrer — er hatte ein weitverbreitetes Schullesebuch herausgegeben — wurde im Jahr 1868 als Auszeichnung an das Friedrich-Werdersche-Gymnasium nach Berlin versetzt, und diese Berufung bedeutete in seinem Leben eine Wende. Denn hier in Berlin gelang es ihm, mit den bedeutendsten Geisteswissenschaftlern seiner Zeit in Verbindung zu kommen, mit Theodor Mommsen, Eduard von Simson, Herman Grimm, Max Morris, Rudolf Haym und anderen. Vor allem die Beziehung zu Herman Grimm, dem Schwiegersohn Bettina von Arnims, wurde im Laufe der Jahre immer persönlicher. Es ist wohl Suphans feinfühliger, kenntnisreicher, leicht entzündbarer Geist gewesen, der, ebenso wie seine ein wenig devote, einschmeichelnde Art, den zurückhaltenden, exklusiven Aristokraten Herman Grimm, der selber eine Neigung zu Skurrilität hatte, zu solcher Freundschaft bewog. Sie war für beide anregend und machte Suphan Mut zu seinem schon in Halle gehegten Plan, Herders Werke auf Grund der Handschriften nach neuen, wie er meinte, ganz Herderschen Gesichtspunkten herauszugeben. Er entwarf mit sicherer Hand den Plan zu einer lang entbehrten historisch-kritischen Ausgabe der Werke Herders, in der der große Denker und Redner insgesamt vorgestellt werden sollte, zum ersten Mal befreit aus einer unglücklichen schematischen Teilung, in die ihn seine bisherigen Herausgeber gezwängt hatten. Eben die Methode, die Herder selbst als erster in all seinen geistigen Betrachtungen angewendet hatte, der Blick auf Entwicklung, auf Entfaltung, auf Metamorphosen, sollte nun auf ihn selber angewendet werden: In genetisch-historischer Ordnung sollte jedes einzelne Werk aus den Vorarbeiten, den Skizzen und Neufassungen bis zur vollendeten Gestalt sichtbar emporwachsend gezeigt werden. Herders Enkel, Theodor Stichling, hatte großzügig den Nachlaß seines Großvaters zur Verfügung gestellt, der dann durch Suphans kluge Vermittlung in den Besitz der Berliner Königlichen Bibliothek gelangte. Man staunt noch heute, wie selbstbewußt Suphan damals in einer Vorrede vom 19. Januar 1879 seinen Plan entwickelte und sogar die Anzahl der Bände fast genau einschätzte. «Lange vorbereitet —», heißt es in dieser Rede, und er setzt wie ein Zeichen das Datum der Reichsgründung, den 18. Januar 1871, neben die Widmung an die Kaiserin Augusta. Ihm war die gesamte Arbeit ein Anliegen von nationalem Ethos, und das kennzeichnete deutlich die Befangenheit seiner Zeit wie seiner Person, gegen die vielleicht keiner so sehr Einwände gehabt hätte wie Herder selbst. Als das Werk endlich abgeschlossen war, erinnerte Suphan sich nur mit Erschütterung daran, daß Theodor Mommsen ihm im Anfang dieser gewaltigen Arbeit gesagt habe: «Man wird Ihnen den letzten Band auf den Sarg legen.» Und fast hat der große Historiker mit seiner Prophezeiung recht behalten: Erst im Jahre 1908 gelangte der letzte Band — übrigens nur ein einziger mehr, als Suphan damals geschätzt hatte — zum Abschluß; im Jahre 1911 starb Suphan.

Zunächst aber hatte der Zweiunddreißigjährige im Jahre 1877 wirklich den ersten Band vorlegen können, und es scheint wie ein Hinweis auf Suphans künftigen Dienst am Werk Goethes, daß er bereits im Jahre 1875, als Goethes Nachlaß der Welt noch völlig verschlossen war, an seiner Herderarbeit die wertvollsten Aufschlüsse gewinnen konnte über die enge, damals in diesem Umfang noch unbekannte Zusammenarbeit Goethes mit Herder. Er konnte darlegen, daß Goethes frühe Gedichte unter intensivem Einfluß Herders entstanden waren. Tief bewegt teilte Suphan dem Freunde Grimm mit, daß jene Blätter, an denen Goethe sich einmal «in heiliger Frühe» erbaut hatte, nun vor seinen eigenen Augen lägen. Bei solchen Ergebnissen und Erlebnissen gewann die Freundschaft zu Herman Grimm, der gerade seine berühmten Vorlesungen über Goethe hielt, große Fruchtbarkeit: Zwischen beiden Männern ging ein reger Austausch ihrer Ideen, Vermutungen und Entdeckungen über Goethes Dichtung hin und her. «Goethe und Schiller», so schrieb Suphan einmal, «nun ja – Goethe und Herder, sie waren beide zusammen *jung* –!»

Suphan leistete natürlich die große philologische Arbeit an der Herder-Ausgabe nicht allein: Es fanden sich Mitarbeiter wie Rudolf Haym, Carl Redlich, Imelmann und andere. Aber die Redaktion behielt Suphan in den Händen. Und nur derjenige, der die Manuskripte des Herderschen Nachlasses einmal wirklich gesehen hat, kann ermessen, welche Schwierigkeiten sich schon philologisch Suphans Arbeit entgegenstellten. Herder ist ein Um- und Umschreiber gewesen. Seine zierliche, sich oftmals verändernde Handschrift war zuweilen kaum lesbar. Es fanden sich zahllose, schwer zu entziffernde Verbesserungen — Veränderungen, die nicht nur Worte betrafen, sondern einzelne Silben, ja einzelne Buchstaben, um dann solche Verbesserungen abermals ungültig zu machen. Schon all dies war kaum zu bewältigen.

Dazu aber kam ein Durcheinander des Nachlasses, eine völlige Unordnung der Handschriften — Herders Papiere waren ja 1806 von plündernden Franzosen auseinandergerissen und zum Teil vernichtet worden; sie waren willkürlich, zum Teil zusammenhanglos neu zusammengestellt.

Trotzdem! Suphans Plan rückte vorwärts. Und als im Jahre 1877 der erste Band der Herderschen Gesamtausgabe erschien, gewann Suphan die höchste Anerkennung der bedeutendsten Germanisten seiner Zeit. Kurz vor seinem Tode konnte noch ein Wilhelm Scherer diesen Band durchblättern und rühmen, wie vollkommen es gelungen sei, «die Wirkung dieses wunderbaren Genius in dem Bewußtsein aller Gebildeten zu erneuern». Und Erich Schmidt, der Wiener Germanist, schrieb, daß Suphan «mit berechtigtem Selbstgefühl» auf diesen ersten Band blicken könne. Suphan selbst hat im Jahre 1908 seinem Nachwort zum dann wirklich letzten Band — es war der zweite Teil der «Ideen zur Philosophie der Geschichte der Menschheit», der bis dahin noch immer fehlende 14. Band — einen vielsagenden Vers vorausgeschickt:

«Und wie von altersher im Stillen
Ein Liebewerk nach eignem Willen
Der Philosoph, der Dichter schuf —»

Jutta Hecker

Goethes Gartenhaus im 19. Jahrhundert

Blick auf den Weimarer Park

Schlangenstein im Park von Weimar

Großherzogin Sophie

Bernhard Suphan

Walther von Goethe

Handschriftensaal im Goethe- und Schiller-Archiv

Dem beruflichen Aufstieg des «Gymnasiallehrers» in Berlin aber folgte kein persönliches Glück. Eine langwierige Krankheit seiner Frau machte Suphans Alltag höchst sorgenvoll. «Nagt dieser Wurm», so fragte teilnehmend Friedrich Zarncke, der Entdecker einer neuen Nibelungenschrift, «noch immer an Ihrem häuslichen Glück und an der Ruhe Ihrer Seele?», ahnend, wie tief Suphan durch solches Leid mit beeinträchtigt wurde. Aber auch sonst traf die Familie Unglück: Dem erstgeborenen Sohn Martin war ein Sohn Hermann gefolgt, bei dem zu Suphans großem Stolz Herman Grimm selbst Gevatter gestanden hatte; doch dieses Kind sollte schon bald sterben. Es wurden dann noch eine Tochter Meta und ein Sohn Ludwig geboren, – da aber starb Suphans Frau und ließ ihn mit drei kleinen Kindern allein zurück. In dieser Not heiratete Suphan die Schwester seiner verstorbenen Frau. Doch das Glück kehrte nicht wieder in sein Haus zurück: Die überaus geliebte Tochter, ein besonders anmutiges rotlockiges Kind, starb zu seinem größten Schmerz halbwüchsig qualvoll an Diphtherie, und bald darauf folgte ihr auch seine zweite Frau. Dieser Aufgabe, allein und nur mit Haushälterinnen den Alltag zu bestehen und zwei lebhafte, ungebärdige Söhne zu erziehen, war Suphan nicht gewachsen, und die häusliche Misere sollte ihm nun lebenslang seinen Tag verdüstern.

Da aber kamen noch einmal Erfolg und Aufstieg in sein *berufliches* Leben, erhöhten seine soziale Stellung und halfen, seinen Namen in immer weiteren Kreisen bekanntzumachen. Am 18. April 1885 war Walther von Goethe, ein Jahr nach seinem jüngeren Bruder Wolf-

gang, gestorben, und die Eröffnung seines Testaments
bereits einen Tag später ließ die ganze Welt aufhorchen:
Walther von Goethe hatte, nun doch ein echter Enkel
Goethes, in großzügigster Weise den gesamten handschriftlichen Nachlaß des Großvaters in die Hände der
tatkräftigen und vermögenden Großherzogin Sophie von
Sachsen-Weimar gelegt, «als einen Beweis tiefempfunde-
nen Vertrauens». Und die Großherzogin Sophie ent-
täuschte dieses Vertrauen nicht. Sie handelte sogleich,
berief Ratgeber und Mitarbeiter an ihre Seite und plante,
sobald als möglich eine umfassende Ausgabe der gesamten Goetheschen Hinterlassenschaft ins Werk zu setzen.
Es wurde beschlossen, diese in vier Abteilungen zu glie-
dern: die poetischen Werke, die naturwissenschaftlichen
Schriften, die Tagebücher und die Briefe. Die Ausgabe
sollte, so schätzte man, mehr als einhundert Bände um-
fassen und den Namen «Sophien-Ausgabe» tragen. Man
begab sich sofort an die Ausführung, und die Großherzogin selbst überwachte die notwendigen Arbeiten bis in
das kleinste Detail, ja bis zu Fragen der Buchbindung.
Es gelang bereits 1887, den ersten Band dieser Ausgabe
herauszubringen. Das einleitende Vorwort war noch von
Herman Grimm; der dann folgende Vorbericht, der die
verantwortungsvolle Planung und Methode darstellte,
aber stammte bereits von Suphan; denn er, der mit seiner Herder-Ausgabe wie kein anderer sonst philologische Erfahrungen an einem umfangreichen schwierigen
Nachlaß gesammelt hatte, war zu dem Stab der Herausgeber hinzugezogen worden. Zwar ernannte die Großherzogin zunächst den Wiener Germanisten Erich
Schmidt   zum   ersten   Direktor   ihres   Goethe-Ar-

chivs — er schien ihr dank seiner ansehnlichen und liebenswürdigen Erscheinung und seiner Weltläufigkeit hierfür der rechte Mann —, als Schmidt es aber bereits im September 1886 vorzog, dem Wust der staubigen, ungeordneten Papiere in den beiden unzureichenden Schloßzimmern zu entgehen, um an der Berliner Universität den angesehensten Posten der deutschen Germanistik anzunehmen, der vakant geworden war, da schrieb der Freund Herman Grimm am 12. September 1886 an Suphan: Erich Schmidt «schien ganz natürlich zu finden, daß Sie einrückten und sprach mit großer Hochachtung von Ihnen. Wer denn auch anders?» In den Akten des Goethe- und Schiller-Archivs liegt dann auch der entscheidende Brief Herman Grimms vom 20. November 1886: «Herr von Loeper, Erich Schmidt und ich haben dann ausgemacht, daß Sie als eventueller Nachfolger Erich Schmidts der Großherzogin vorgeschlagen werden sollen.» Auf diesem Brief findet sich, wie übrigens auf fast allen Briefen, die sich im Nachlaß Suphans befanden, korrekt der Eingang des Schreibens und der Inhalt seiner Erledigung vermerkt. Fünf Tage später, also am 25. November 1886, hat Suphan in kurzer Bleistiftnotiz auf diesen für ihn so bedeutsamen Brief gekritzelt: «Habe meine allgemeine Bereitwilligkeit erklärt, außerstande anzugeben, wie ich in Rücksicht auf meine gegenwärtige und zu erwartende Lage, vornehmlich auch in Beziehung auf meine Kinder, mich zu den Bedingungen, Gehalt, Pension usw. stellen kann. v. L. sieht 2000.- vor. Ich habe 2500.- verlangt. Der Direktor des Goethe-Archivs gehört zum Hofstaat.»

Diese kurzen Bleistiftzeilen, hingeschrieben, wo immer am Rande Platz war, beleuchten in erschütternder Weise Suphans Lage, ja seinen Charakter: Sich seines Wertes tief bewußt und doch untertänig genug, um bei einer Erhöhung seines Gehalts nicht soviel zu fordern, um damit wirklich auszukommen. Die opfervolle Philologenarbeit würde also weitergehen. Doch dann folgt die lakonische Feststellung: «Der Direktor des Goethe-Archivs gehört zum Hofstaat.» Sie zeigt, wie klar der Nichtadelige die demütigenden Schwierigkeiten seiner Stellung in dem ganz persönlichen Dienst einer Fürstin vorausahnte und wie er mit Stolz andererseits vermerkte, daß er «zum Hofstaat» gehören würde! In der Tat, die Anreden der Großherzogin an Suphan in den ersten Briefen lauten: «Mein Herr Archivdirektor». Dem heutigen Leser klingen diese Worte nach Besitz und Befehl. Aber es zwingt auch zur Hochachtung, wenn man sieht, daß die regierende Fürstin sämtliche Briefe, ja selbst noch die Umschläge, mit eigener Hand geschrieben hat. Sie alle zeigen ihre zwar zeitgemäß ein wenig verschnörkelte, aber großzügig und aktiv dahineilende Schrift mit deutschen Buchstaben – deutsch, obwohl sie als Holländerin gewohnt gewesen war, nur lateinisch zu schreiben, und ihre Umgangssprache – auch allzeit noch am Weimarischen Hof – Französisch war. Der Direktor des Goethe-Archivs schrieb ebenfalls selber. Ihm wie allen seinen Mitarbeitern stand keine Schreibhilfe zur Verfügung! Jeder Brief, ja auch jede Manuskriptseite für den Druck mußte eigenhändig geschrieben oder abgeschrieben werden – eine ungeheure, heutzutage nicht mehr vorstellbare Mehrbelastung und vergessene Leistung. Erst als ein Hausmeister für das spätere Archivgebäude

benötigt wurde, schrieb dieser — der langjährige Archiv-
diener Neubauer — mit seiner ungelenken Schulschrift
für zehn Pfennig pro Seite die Manuskripte für denjeni-
gen ab, der es sich leisten konnte, ihn zu bezahlen.

Immerhin, in der Stellung eines höfischen «Vorlesers»,
die ihm außer dem Direktorposten zuteil geworden war,
fand Suphan allmählich jene enge Beziehung zur Großherzogin, die ihn einerseits auszeichnete und glücklich
machte, ihn andererseits jedoch zu untertänigster Devo-
tion verpflichtete und nicht nur sein äußeres Leben, sondern auch seinen Charakter tragisch beeinflußt hat. Herman Grimm hatte ihm beizeiten den freundschaftlichen
Rat gegeben: Man muß gegenüber Fürstlichkeiten «mit
gewisser Anmaßung auftreten». Und fast rührt es, zu sehen, wie Suphan darum kämpfte, diesen Rat zu befol-
gen, wenn er das Konzept eines Briefes an die Großherzogin entwirft, dies mit der Floskel «ehrerbietigst» unter-
zeichnet und dann das «st» nachdenklich wieder streicht.
Im Ganzen jedoch empfand er die Beziehung zur Fürstin als eine tiefe Bereicherung, und ihre lebhafte, ener-
gische Art zu entscheiden imponierte ihm. Sie drängte
zwar oftmals den zögernden, weil tiefer in die Probleme
hineinsehenden Gelehrten wider eigenes Wesen und oft
wohl auch wider die Sache vorwärts und vermehrte so
das Zwiespältige seines Lebens. Andererseits dämpfte
die nüchterne, sachliche Art zu fühlen und zu denken,
die der Großherzogin zu eigen war, oftmals Suphans
emphatische Begeisterung auf ein gesundes Maß. Und
die Stunden des Vorlesens bei Hofe — zumeist handelte
es sich um neuentdeckte, durch die erste Anschauung,
das erste Anhören in erschütternder Weise belebte Ma-

nuskripte Goethes — waren Feierstunden, in denen er nicht nur die Begeisterungsfähigkeit des Großherzogs, sondern fast noch mehr die wache Aufmerksamkeit und Menschlichkeit der Großherzogin bewunderte und in denen er — der literarhistorische Kenner — oft belehrender Mentor sein durfte. Aber er vergaß auch nie, daß ihn die Fürstin bei einem Widerspruch einmal mit schnellen Worten zurückgewiesen hatte: «Herr Professor, der Goethische Nachlaß gehört mir wie dieses Taschentuch in meiner Hand!» Und in der Tat: Keine Publikation der kostbaren Manuskripte konnte je erfolgen ohne die ausdrückliche Zustimmung und offizielle Genehmigung der Besitzerin, der Großherzogin Sophie.

Für Suphan begann nun die mühevolle, verantwortungsvolle Arbeit der Sichtung, Ordnung und Registrierung der kostbaren Papiere — eine Arbeit, deren Ergebnisse kaum sichtbar, also auch kaum sofort anzuerkennen waren. Da waren die Tagebücher in mehrfacher Form, die Handschrift des «Götz», die meisten Dichtungen der ersten zehn Weimarer Jahre mit Goethes eigenhändigen Korrekturen, da waren von Herder revidierte Manuskripte ebenso wie die Reinschriften der «Iphigenie» und die der «Römischen Elegien» und — völlig auseinandergerissen — die kleinen Hefte mit den wichtigen Beobachtungen der italienischen Reise und den Studien und Erkenntnissen aus dem Reich der Naturwissenschaften. Dazu Berge von Korrespondenzen. Dies alles zu sehen, zum ersten Mal zu sehen, zu entdecken bedeutete tiefe Erschütterung und unendliches Glück — aber eben auch unermeßliche Verantwortung. Diejenigen, die heute, nachdem die Masse der Papiere im Ganzen geordnet ist, archivalische Arbeit daran leisten, bedenken wohl kaum, was Suphan damals leisten mußte.

Zwar kamen junge Mitarbeiter hinzu wie Julius Wahle und Rudolf Steiner aus Wien, wie Eduard von der Hellen und Carl Schüddekopf, aber sie waren unerfahren, und Rat und endgültige Entscheidung blieben bei Suphan. Es ist kaum zu begreifen, wie dieser Mann, der bereits die Mitte seines Lebens überschritten hatte und der in einem sorgenvollen Familienleben stand, neben der noch immer auf ihm lastenden Herder-Ausgabe diese ungeheure Arbeitsleistung vollbringen konnte. Als er Ende des Jahres 1910 − krank und total erschöpft − das Goethe- und Schiller-Archiv verließ, da war die Herder-Ausgabe vollendet, die Sophien-Ausgabe bis auf Nachträge und Register erschienen und das Archiv, das bereits im Jahre 1889 durch die Stiftung des Enkels und des Urenkels Schillers zum Goethe- und Schiller-Archiv geworden war, im großen und ganzen geordnet und übersichtlich. Und all dies geschah im Grunde ohne Anerkennung, nicht einmal mit finanzieller Sicherung. Unter den Gebildeten in Weimar war ein Scherz im Umlauf: Was machen die Herren da oben im Archiv? Nun, sie verstecken Goethes Handschriften, suchen sie wieder und zeigen sie sich dann stolz!

Tatsächlich aber forderte das neue Amt von Suphan eine völlige Umstellung. Es machte aus dem stillen, emsig arbeitenden Gelehrten einen Mann der Reisen, der Erwerbungen und der Verwaltung. «Lassen Sie es nicht an der nötigen Betriebsamkeit fehlen!», so hatte ihm der väterliche Freund Herman Grimm geraten, und so war Suphan zum großen Teil damit beschäftigt, die Schätze des Archivs zu vermehren. Es ist bewundernswert, wie ihm dies gelang: Da gewann er den Nachlaß von Immermann, von Otto Ludwig, von Freiligrath, von Hebbel, von Mörike. Sie alle scharten sich nun mit ihren Manuskripten um Goethe, den «Archivheiligen», wie ihn Suphan in seiner preziösen Art nannte, und zeigten den Reichtum schöpferischen Geistes, den das Archiv in Weimar hütete und erschloß.

Bei einer so vielseitigen Arbeit aber mußten Suphans eigene Veröffentlichungen mehr und mehr in den Hintergrund treten. Seine Haupttätigkeit war hinfort die verantwortliche Beratung der Herausgeber der in schneller Folge erscheinenden Bände der Sophien-Ausgabe, später Weimarer Ausgabe genannt. Fast jeder Band — es gibt nur wenige Ausnahmen — zeigt den Namen Bernhard Suphans als maßgebenden Redaktor. Welch ungeheure kenntnisreiche, entscheidungsschwere, aber eben doch anonym bleibende Arbeitsleistung sich hinter der kleingedruckten, schwer auffindbaren Notiz über dem jeweiligen Nachtrag in jedem Band verbirgt, die den Namen Suphan, ja manchmal nur ein B. S. als Redaktor nennt, ist kaum zu ermessen. Mehr und mehr aber mag die Tatsache solcher Verborgenheit seiner wissenschaftlichen Leistung in dem überanstrengten Mann einen leisen Neid erzeugt haben, die unbillige Gereiztheit und Überheblichkeit, unter der seine Mitarbeiter oftmals zu leiden hatten.

In jener Zeit bekam Suphans Stil, der von Anfang an etwas Kunstreiches und Ziseliertes gehabt hatte, mehr und mehr jene blumige, vielwortige, durch Zitate angereicherte Form, die Herman Grimm einmal scherzhaft rügte: «Man sieht oft vor roten und blauen Blumen das Korn nicht mehr.»

Noch im Jahr 1888 war im Zusammenhang mit Herman Grimm die Schrift «Friedrich der Große über die deutsche Literatur» erschienen; am 7. November 1889 veröffentlichte Suphan in einem Band der Schriften der Goethe-Gesellschaft — deren Redaktion er zunächst gleichfalls innegehabt hatte — die «Briefe von Goethes Mutter an ihren Sohn», und im Jahre 1893 — zwei Jahre nachdem wiederum ein Band der Herder-Ausgabe (in der schon erschienenen Reihe der fünfte) herausgekommen war, folgte ein Band mit den «Xenien» in Zusammenarbeit mit Erich Schmidt.

Aber allmählich hörte die Reihe eigener Publikationen auf. Nicht zuletzt dann auch wegen der erheblichen Belastung des Direktors durch den Bau eines großen Archivgebäudes. Die Großherzogin Sophie verwirklichte damit ihren Plan, die ihr anvertrauten Papiere vor Feuer, Diebstahl und sonstigem Unheil zu bewahren, und beschloß, ein großes repräsentatives Archiv zu bauen. Es sollte nach ihrem Sinn wie ein forderndes, mahnendes Wahrzeichen über den Dächern Weimars aufragen, und so kaufte sie ein Stück des Berghanges jenseits der Ilm, der den Namen «Die Altenburg» trägt. Dort stand noch das Haus des Sonderlings Friedrich von Seebach, des ehemaligen Stallmeisters Karl Augusts, das Haus, das dann in der Mitte des Jahrhunderts unter Liszt dreizehn Jahre lang ein Mittelpunkt europäischer Kultur geworden war. Dieser Ort schien ihr für ihren kostspieligen Plan gerade recht. Zwar mußten zunächst mühevoll und teuer feste, hohe Fundamente errichtet werden, um den schweren Steinbau über dem abschüssigen Ilmufer abzusichern. Dann aber wuchs — im Renaissancestil mit großen hellen Sälen, repräsentativem Treppenhaus und vornehmen Direktorzimmern — das Archiv empor. Die Anordnung, die Verteilung und die Unterbringung der verschiedenen Nachlässe aber lag allein in Suphans Verantwortung. Zahllose feste Kartons mit Zugstreifen zum Herausziehen aus den Schränken und eingestanzten Löchern, um Luft heranzulassen, wurden hergestellt und die Briefe, Handschriften und andere Papiere darin chronologisch geordnet. In den Fächern hoher weißer Schränke rings an den Wänden waren sie griffbereit aufbewahrt. Es wurden Schautische mit gläsernen Platten angefertigt, damit man immer andere schöne Stücke darin zur Schau stellen konnte. Suphan ließ in Eckschränken eine umfangreiche Fachbibliothek aufstellen — kurz, er ordnete das Archiv. Am 28. Juni 1896 konnte es eingeweiht werden. Aber schon die Vorbereitungen für dieses Fest kosteten den Direktor viel Kraft: Die Ehrengäste aus der Aristokratie und aus dem Kreis der Wissenschaftler mußten nicht nur verantwortungsvoll ausgewählt, sondern auch persönlich und individuell eingeladen werden. Wehe, wenn ein Maßgebender oder Hochgeborener vergessen worden wäre! Zudem forderte die Großherzogin wie gewohnt Rechenschaft über alles: die Folge der Reden und deren Zeitdauer, ja sogar den Anzug der Gäste: «Frack mit weißer Binde» hatte sie vorgeschrieben.

Am 28. Juni um 3 Uhr fand der denkwürdige Akt der Einweihung des Goethe- und Schiller-Archivs statt. Suphan stand an der Eingangstür des pompösen Vestibüls, um die Gäste, die durch ein breites, schön geschmiedetes Eisentor die anspruchsvolle Auffahrtsterrasse heraufgekommen waren, als erster, als Hausherr, zu begrüßen. Dies war der Gipfel seines Lebens. Er spürte es mit Stolz und Genugtuung, aber er war sich auch wohl gleichzeitig bewußt, daß seine Kräfte nunmehr dahinschwanden. Als alle Gäste in den drei großen Sälen und dem Vorsaal versammelt waren, erklang das «Lied an die Freude». Dann trat Suphan ans Rednerpult, um die Eingangsrede zu halten – sechs Minuten waren ihm vorbehalten, es waren die ersten Worte in diesem bedeutenden Haus. Dann folgte die Ansprache des Präsidenten der Goethe-Gesellschaft und dann ein ganz besonderes Ereignis: die feierliche Übergabe von sieben großen Folianten, in denen Goethes Briefe an Charlotte von Stein gesammelt und eingeklebt waren. Großzügige Stifter hatten diese Kostbarkeit vor einem Ankauf in Amerika bewahrt und ihren Erwerb für das Archiv ermöglicht. Nun überreichte Erich Schmidt diese Gabe der Großherzogin als einen Dank der Öffentlichkeit. Es war nicht Suphan, der Direktor, sondern Erich Schmidt, der dazu ausgewählt worden war, sie zu überreichen, Erich Schmidt, der imponierend Aussehende, der weltgewandte Berliner Germanist mit seinem volltönenden wohllautenden Organ! Es war derjenige, der angesichts des außergewöhnlich schönen Neubaus äußerte, nun wäre er ganz gerne in Weimar geblieben! Und dies also war eigentlich der Mittelpunkt des Festaktes. Es folgten nun noch die Ansprachen derjenigen Gesellschaften, die dem Fürstlichen Hause unterstellt waren, der Schiller-Stiftung und Shakespeare-Gesellschaft, und als Abschluß erklang

Schumanns Finale zum «Faust». Es war ein brütendhei-
ßer Tag; in den Sälen aber war es kühl; strenge Etikette
nach der Art der Stifterin machte die ganze Feier kühl
und dämpfte laute Freude.

Suphans Festrede hatte unter seinen Mitarbeitern
Nachdenken, ja Erschütterung hervorgerufen. Da stand
der unscheinbare Mann vor der erlauchten Versamm-
lung, seine hohe, ein wenig heisere Stimme klang seltsam spärlich nach Beethovens hinreißendem Freuden-
chor. «Ich schließe», so hatte er wie ein Bekenntnis geendet: «Ich schließe. Es geht eine Sage bei manchem
Volke, in das Grundgemäuer einer Burg sei ein Mensch
oder sei das Haupt eines Menschen eingegraben. Das
mag auch gelten von den Burgen des Geistes, von An-
stalten wie dieser und ihren Fundamenten. In den Zeiten der Begründung, da heißt es, den ganzen Menschen
einsetzen, edelste Lebens- und Geisteskräfte, ja das Leben selbst. Ich war und bin gewillt, diese Forderung zu
erfüllen; in dieser feierlichen Stunde sei es von neuem
gelobt: die Gottheit nehme das Gelöbnis an und mache
es wahr, wie es gemeint ist.»

Die Mitarbeiter fühlten, dies war keine eindrucksvolle
Phrase mehr, hier war nacktes Bekenntnis: die Erkenntnis eines eigenen unwiderruflichen tragischen und
schrecklichen Opfers. Im Grunde war hier die unbe-
merkte Tragödie, die alle frühen Mitarbeiter des Archivs
betroffen machte, beim Namen genannt.

Noch einmal gelangen Suphan im Jahre 1900 zwei –
ihrem Umfang nach allerdings schmale – Publikationen:
die eine über ein bis dahin völlig unbekanntes Gedicht
Schillers, dem er den Titel «Deutschlands Größe» gab,

und die zweite, in schönstem wertvollem Faksimile-Druck, das späte Liebesgedicht Goethes «Die Marienbader Elegie». Ein Besuch bei Ulrike von Levetzow — Goethes Briefe an sie durfte er nach ihrem Tode im Goethe-Jahrbuch des Jahres 1900 veröffentlichen — gehörte zu den Erlebnissen, deren sich Suphan zeitlebens stolz rühmte. Dann aber wurde der vereinsamte Mann von einer Reihe von Todesfällen getroffen: Zunächst starb 1897 die furchtsam respektierte und dennoch geliebte Großherzogin Sophie. Wenige Jahre später, 1901, der stets liebenswürdige Karl Alexander, der für Suphan noch eine unmittelbare Verbindung zu Goethe gewesen war, war er doch bis zu seinem dreizehnten Lebensjahr unter den Augen Goethes aufgewachsen. Diesem interessierten, gebildeten Karl Alexander aber folgte nun als Besitzer des Archivs und also als Vorgesetzter Suphans ein junger amusischer, unbesonnener Herrscher, ein Offizier, zu dem kaum mehr jene persönliche Beziehung möglich war, die Suphan so vieles Schwierige an seiner Stellung hatte vergessen machen. Doch der Tod trat auch mitten in sein persönliches Leben: Der langjährige Mitarbeiter an der Herder-Ausgabe, Carl Redlich, engster Jugendfreund und Studiengenosse, ging dahin. Und kurz danach, im Jahre 1901, auch der Ratgeber und enge Partner, dessen Freundschaft zu besitzen Suphans Stolz gewesen war, Herman Grimm. Eine mühselige Teestunde mit dem völlig tauben Theodor Mommsen machte dem feinfühligen Mann seine rettungslose Vereinzelung und Isoliertheit wie in einem Wahrbild deprimierend bewußt. Im Gefühl seiner immer mehr versagenden körperlichen und geistigen Kräfte wurde Suphans Verhältnis zu den jungen Mitarbeitern im Archiv oft sogar problematisch. Nur der im Jahre 1900 neu gewonnene Max Hecker erfüllte mit seiner einzigartigen Verbindung von intensiver Begeisterungsfähigkeit, ausgeprägtestem Kunstsinn und dem Gefühl für die strenge Forderung gewissenhaftester Philologie all das, was Suphan einmal selbst besessen und wonach er allzeit gestrebt hatte. Und eben diesem Mann hatte er impulsiv feste Daseinssicherung am Archiv versprochen und wußte sie weder bei Karl Alexander noch bei dem für das besondere Erbe höchst uninteressierten Großherzog Wilhelm Ernst durchzusetzen. Er hatte die Patenschaft für Max Heckers ersten Sohn Wolfgang übernommen, fühlte sich also auch menschlich engagiert und sah doch nun Gesundheit und Spannkraft des idealen Mitarbeiters durch notwendige private Arbeitsleistungen überbeansprucht und gefährdet.

Eine andere, weit persönlichere Verpflichtung aber zehrte noch drückender an Suphan. Bei Carl Redlichs Beerdigung hatte er dessen älteste Tochter wiedergesehen. Sie war rotlockig und hieß Meta wie sein unvergessenes eigenes Kind, und bald wuchs zwischen der jungen Lehrerin und ihm eine innige Freundschaft, die Suphan neuen Lebensmut zu geben schien und die er schließlich in einer neuen Ehe zu befestigen gedachte. Er zog in die Altenburg, jenes durch Goethe und Liszt geweihte Haus, damit in den beiden, durch ein Vestibül voneinander getrennten, Abteilungen der Parterrewohnung sowohl die Söhne mit der Haushälterin auf der einen Seite als auch er mit seiner jungen Frau auf der anderen hätten ein neues Glück finden können.

Meta Redlich kam mit ihrer Mutter aus Hamburg als Braut in die Altenburg, um die Räume auszumessen und danach die Möbel zu beschaffen. Sie war entzückt von dem parkähnlichen Waldgarten, in dem überall die Veilchen blühten, und erhoffte sich viel an der Seite des liebenswürdigen geistreichen Mannes, der ihr als enger Freund ihres Vaters von klein auf vertraut war. Beide sahen schon die schöne Suphansche Bibliothek in den repräsentativen Räumen der Altenburg aufgebaut, vermehrt durch Redlichs einmalige Almanach-Sammlung. An der Wand dazwischen irgendwo die Totenmaske Lessings, die Redlich besessen und ausdrücklich seiner Tochter Meta vererbt hatte. Suphan aber fand nicht mehr den Mut, sein Versprechen einzulösen; die Braut wartete, zwar mit Verständnis, doch von Jahr zu Jahr vergebens.

Eine Niederschrift, die die Söhne im Nachlaß des Vaters fanden, zeigt die deprimierte Stimmung, die Suphan zuletzt erfüllt hatte. Diese Niederschrift sollte eigentlich das Vorwort zum letzten Band der Herder-Ausgabe sein; sie wurde nicht gedruckt, weil dieser Band erst sieben Jahre später als geplant herauskommen konnte. Sie ist in der Handschrift des alten Archivdieners Neubauer geschrieben, also diktiert, und Suphan selbst hat nur Anfang und Ende eigenhändig darüber beziehungsweise darunter geschrieben: Ein Zitat, ein Wort des älteren Plinius zu Beginn, und dann einen fast testamentarischen Schlußsatz: «Sollte es einmal in einem Nachrufe heißen: B. S. Herderum edidit. Obiit. Hat den Herder herausgegeben, danach das Zeitliche gesegnet, mir solls recht sein. Weimar, Goethe- und Schiller-Archiv, den

12. September 1901. Bernhard Suphan (geb. 18. Januar 1845 in Nordhausen.)».

Das dann wirklich gedruckte Vorwort für den so lange hinausgezögerten 14. Band der Herder-Ausgabe erschien am 18. Dezember 1908. Es spricht von allen Schwierigkeiten, die das große Wagnis der Herder-Ausgabe so lange Jahre unvollendet gelassen hatten. «Es sind Jahre gekommen», so klagt Suphan da, «in denen es mir unmöglich erschien, die letzte Hand selbst anzulegen. Es hätte einer geschlossenen ruhigen Zeitfolge bedurft. Mir ist dies nicht beschieden gewesen.» Doch nun folgt ein, wie mir scheint, bedeutsames, tieferes Eingeständnis: «Es erheischte einen Bearbeiter, der mit Goethes naturwissenschaftlichen Schriften ebensosehr wie mit Herders Werken in ihrem Umfang vertraut» sein muß. Der verantwortungsbewußte Kenner des Goetheschen Nachlasses hatte in seiner Editionsarbeit erkannt, wie tief beide Geister, denen er rein philologisch zu dienen gedacht hatte, auf völlig neuen Wegen von bloßer naturwissenschaftlicher Betrachtung übergegangen waren zu deren dynamischer, ja esoterischer Deutung. Goethe selbst hatte erkannt und es immer wieder ausgesprochen, wie sehr sie dabei mißverstanden werden würden. Dem Herausgeber Suphan hatten nicht nur Zeit und Kraft, sondern wohl auch die Freiheit des Geistes gefehlt, dieses Neue zu erkennen, zu erfassen und dem in seinen Editionen gerecht zu werden: Goethe als Naturwissenschaftler!

Suphan war am Ende. Wieder und wieder versuchte er durch langwöchigen Urlaub, seine Kräfte wieder herzustellen. Bereits im Jahre 1909 mußte er einen Brief diktieren, weil ihm, wie er bekannte, «das Schreiben schwer wurde». Als auch im Jahre 1910 ein elfwöchiger Urlaub nichts an seinem Zustand gebessert hatte — der letzte Textband der großen Weimarer Ausgabe war im Mai erschienen und lediglich Nachträge und Register fehlten noch —, entschloß er sich endlich, auch äußerlich aufzugeben: Er richtete ein knappes Abschiedsgesuch an den Großherzog Wilhelm Ernst. Es wurde angenommen — ohne Widerspruch, ohne Dank. Auf freundschaftliche Fragen, was der doch noch nicht sehr Alte nun noch zu tun gedenke, antwortete er vieldeutig: «Man wird sehen —». In der Nacht vom 8. auf den 9. Februar 1911 türmte er einige Bände seiner Herder-Ausgabe zu einem Stapel auf, um sie zu ersteigen und, sie mit den Füßen wegstoßend, seinem Dasein selbst ein Ende zu setzen. Das Opfer, von dem er bei seiner Eröffnungsrede im Archiv gesprochen hatte, wurde so auch äußerlich dargebracht. Das Zwiespältige im Wesen Suphans hatte die dunkle Schale seines Schicksals niedersinken lassen, so verheißungsvoll hoch sie doch einmal gestiegen war. Obiit — der Lateiner weiß mit einem kurzen Wort das rätselhafte Faktum alles Menschendaseins zu benennen, den Abschluß. Obiit.

Und in der Tat — es kamen neue Zeiten: Neue Herder-Ausgaben treten neben die Suphansche große kritische Ausgabe, neue wissenschaftliche Editionen der Werke Goethes, besonders der naturwissenschaftlichen Schriften, berichtigen und vervollständigen die Sophienausgabe; die kostbaren Papiere sind — bis auf wenige Ausnahmen — im Archiv aus den Schaukästen verschwunden, durch moderne Technik vervielfältigt und in klimabeständigen, einbruchs- und feuersicheren Tresoren verwahrt. Die Räume, die Suphan eingerichtet und durch die er stolz geführt hatte, sind verändert und nach neuen Erfordernissen nutzbar gemacht worden. Und dennoch — das Archiv, das inzwischen eine damals nur erahnbare Größe und Wirksamkeit erreicht hat, ist auf jenen Fundamenten entstanden, die Suphan gebaut und geordnet hat. Er und sein Name sind «eingemauert», wie er gesagt hatte, gewiß als Opfer, aber auch als ewig bestehender, noch heute keimkräftiger Samen.

Rudolf Steiner

oder
Der Gang durch die geistige Welt

Von all den Gelehrten, die anfänglich an der großen Gesamtausgabe des Goetheschen Nachlasses, der «Sophienausgabe», jetzt Weimarer Ausgabe, mitgearbeitet haben, hat sich einer über den Kreis der Goethewissenschaft hinaus einen Namen gemacht, der weithin bekannt ist − das ist Rudolf Steiner, der Begründer der Anthroposophie, einer Bewegung, die Religion und Pädagogik, Medizin und Sozialfürsorge, Landwirtschaft und Kunst mit neuen gegenwartsnahen Impulsen zu beleben versucht hat, die aber von mystischen Zügen nicht frei ist.

Rudolf Steiner wurde am 27. 2. 1861 in Kraljevic als Sohn eines einfachen Eisenbahnbeamten im damaligen Kroatien geboren, studierte Naturwissenschaft in Wien und fiel dem damaligen Germanisten der Universität Gustav Schröer durch seine besondere Art, Goethes Naturwissenschaft zu deuten und auszulegen, so auf, daß er sich intensiv mit ihm beschäftigte und es wagte, den Einundzwanzigjährigen dem Verleger Joseph Kürschner zur Herausgabe der Naturwissenschaftlichen Schriften seiner Goetheausgabe zu empfehlen, die Kürschner neuzeitlich nach der «Ausgabe letzter Hand» zu edieren beabsichtigte.

Steiner vertiefte sich bei dieser Arbeit mehr und mehr

auf eigene Art in Goethes Gedankenwelt und veröffentlichte dann auch seine Ideen in einer eigenen Schrift.

Die Großherzogin Sophie, die Erbin des Goetheschen Nachlasses, muß von Steiner und seiner selbständigen Auffassung gehört haben, denn sie selbst war es, die durch ihre Anfragen bei ihrem Ratgebergremium die Aufmerksamkeit so auf ihn richtete, daß er in den Kreis der Herausgeber der «Sophienausgabe» aufgenommen wurde. Aus dem damaligen Wohnsitz seiner Eltern in Brünn am Gebirge in Niederösterreich hat Steiner 1887 seine Zusage zur Mitarbeit gegeben. Doch erst am 24. Juli 1889 war alles so weit geregelt, daß Steiner sich nach Weimar aufmachte, um einen ersten Einblick in den bisher unbekannten Schatz zu nehmen, den er als Herausgeber bearbeiten sollte.

Diese ersten vier Wochen in Weimar hat Steiner in seinem Lebensbericht kurz vor seinem Tode «Festeszeiten meines Lebens» genannt. Er hatte eine Unterkunft in dem palaisartigen Haus in der Ackerwand gefunden, von wo er den Blick auf das Goethesche Mineralienkabinett und über den Garten jenseits der Mauer hinweg auf das blaue Dach über Goethes Arbeits- und Schlafzimmer hatte. Der Weg zum Schloß, in dem die ersten Jahre im zweiten Stock in zwei Zimmern die kostbaren Handschriften aufbewahrt wurden, führte ihn allmorgendlich durch schönstes historisches Stadtgelände. Zwei junge Mitarbeiter empfingen ihn freudig und führten ihn schon am Tag seiner Ankunft zum Schlößchen Tiefurt. Professor Suphan, der Leiter des Archivs, war bezaubert von dem österreichischen Charme des Neulings und hörte interessiert den ideenreichen Ausführungen des jungen Naturwissenschaftlers zu. Steiner selbst aber war überwältigt von der Fülle des Neuen, das er nun in dem Nachlaß zu sehen bekam; er war fasziniert von dem Erlebnis, Texte, die er von der Arbeit bei Kürschner her kannte, nun in Goethes eigener Handschrift zu sehen; vielleicht er als erster wieder! Dazu ungeahnte Ergänzungen, Erweiterungen − «Festeszeit meines Lebens» −, noch nach überreichen Jahren mit eindrucksvollen erschütternden Ereignissen schien dem alternden, Fazit ziehenden Mann kein Ausdruck treffender für diesen wichtigen Auftakt seines Lebens zu sein.

Im ganzen aber war Weimar eine zwar reiche, vielfarbige, vielfältige, aber bittere und harte Prüfungszeit für ihn. Und wenn er die Lebenslehre der Anthroposophie, die er entwickelte, auch Goetheanismus genannt hat, so klingt für den Wissenden jene Zeit der sieben Jahre in Weimar auf, die ein so vielsagender Beginn war − mit äußerem Fehlschlag und innerem Gewinn.

Am 30. September 1890 ist Steiner endlich nach wiederholtem Aufschub für sieben entscheidende Jahre nach Weimar gekommen. Schon die immer wieder verschobenen Daten der Ankündigung seines Kommens sind beredt: Ich komme «im März» − «zu Ostern» − «im Mai» − «am 4. Juli» − «am 25. September»! Auch die lange, einsame Bahnfahrt gehört wie ein äußeres Zeichen zu der nur erahnbaren Bedeutsamkeit dieses Schritts. Nun war es wohl an der Zeit: Sieben Jahre − reich an Menschenbegegnungen, dennoch in Einsamkeit nur auf sich selber gestellt, in bedeutender Stellung und doch mühsam ums tägliche Brot kämpfend, vertieft in strenge Philologie und doch in ganz andere Ebenen schauend — seltsame Zwischenzeit und doch wichtigstes Fundament für sein kommendes Leben und Wirken.

Bei einer Frau Döbereiner in der Junkerstraße 12 fand er zwei Zimmer, ein Wohn- und ein Schlafzimmer für fünfundzwanzig Mark — nicht nur im Verhältnis zu dem geringen Honorar, das er erhielt, ziemlich teuer. Aber das Haus paßte zu seiner Berufung; es lag etwas abseits in gutbürgerlicher Gegend. Steiner aber hat sich hier selten wohl gefühlt. Erst fast ein halbes Jahr später, im darauffolgenden Februar, hat er sich nach dem Besuch des Schotten Henry Mackay, der ihm, unverkennbar aus anderem Land und mit aufrührerischer sozialistischer Gesinnung, wie ein Schicksalsgenosse begegnete, die Räume einigermaßen persönlich eingerichtet. Doch es war Winter geworden, und wenn er nach langer Tagesarbeit in sein Zimmer kam, war es fremd und ungeheizt. Überdies ärgerte ihn die Aufwartung, die morgens saubermachte, weil sie, trotz aller Ermahnungen, seine Bücher immer wieder nach ihrem Sinne ordnete, indem sie diese jedesmal sorgfältig der Größe nach aufstellte und dadurch für ihn Wichtiges in Verwirrung brachte. So bedeutete die Schreibtischlampe, die ihm die befreundete Familie Specht aus Wien zu Weihnachten 1891 schenkte, eine besondere Freude — dies war Licht und Wärme von daheim!

Das Haus, in dem er die ersten zwei Weimarer Jahre verbrachte, steht noch heute unverändert; die Straße aber heißt heute Friedrich-Engels-Ring und ist durch moderne Umlenkung des Verkehrs eng und laut geworden, während sie doch zu Steiners Zeit im vornehmen ruhigen Westviertel der Stadt lag. Daß ganz in seiner

Nähe, Junkerstraße 4, damals zu gleicher Zeit die von ihm hochgeschätzte Schriftstellerin Gabriele Reuter wohnte, die – ähnlich wie er auf neuem Lebensweg – sich doch in Weimar fremd fühlte, mag ihm tröstlich gewesen sein. Wenn man sich heute die Mühe nimmt, das Haus, in dem er die zwei ersten Weimarer Jahre verbrachte, wenigstens von außen anzusehen, so enthüllt sich, abgesehen vom Verfall, den die Zeit bewirkte, in einem Augenblick sogleich die ungute Situation, in der diese erste Weimarer Zeit verlief. Statt, wie er gehofft, freien Raum zu finden, war er in ungewollte Enge eingeklemmt. Nach zwei Jahren erst befreite ihn die von einem freundlichen Geschick herbeigeführte Beziehung zu Frau Anna Eunike wenigstens von dieser äußeren Unangemessenheit. Er berichtet im «Lebensgang», nach Jahren mit tiefer Bewegung, wie er durch eine sich schnell wieder lösende Freundschaft zu der Familie des verstorbenen Kapitäns Eugen Friedrich Eunike kam. Frau Eunike räumte ihm das Erdgeschoß ihres Hauses Prellerstraße 2 ein und nahm ihn bei sich auf. Er hatte die auserwählte Bibliothek des verstorbenen Hausherrn ganz zu seiner Verfügung, und fünf halbwüchsige Kinder, vier Mädchen und ein Knabe, bedurften seines Rats. Hier war er in seiner Weimarer Zeit nun daheim.

Auch dieses Gebäude steht heute noch; aber in seinem Erdgeschoß hat die Gaststätte «Alt-Weimar» Unterkunft gefunden, und diese Tatsache verändert das einstige Bild. In diesem Hause hat Rudolf Steiner Ruhe und Kraft gefunden, das wichtigste Buch seiner Lebenslehre, der Anthroposophie, zu schreiben: seine «Philosophie der Freiheit». Außerdem ein zweites: «Nietzsche, ein

Kämpfer gegen seine Zeit». Hier hat er, im Grunde von niemandem begriffen, in völliger Einsamkeit seines Denkens, Fühlens und Wollens jene grundlegenden Ideen zusammengefaßt, die er dann später auf allen Lebensgebieten vielfältig weiterentwickeln sollte.

Von hier aus muß er auch wohl zumeist jenen charakteristischen Weimarweg zu seiner Arbeitsstätte gegangen sein; über den Theaterplatz mit dem bedeutsamen Denkmal Goethes und Schillers, durch den schmalen «Zeughof», über den eng geschlossenen Herderplatz, durch die dunkle Vorwerkgasse hinab zu dem freiliegenden Schloß vor der Ilm und unter dem Hügel der Altenburg — ein Weg fast wie ein Symbol für die Weimarer Zeit: Kunst, Schönheit, Historie, daneben aber Enge und Abgeschlossenheit.

Als es entschieden war, daß seine Arbeit in Weimar ein Ende nehmen würde und sich auch die Hoffnung zerschlagen hatte, in Jena eine Dozentur für Philosophie zu erhalten, eine Aussicht, die ihm bereits auf der langen, einsamen Fahrt nach Weimar als schöne Möglichkeit aufgestiegen war, verkaufte Frau Anna Eunike ihr Haus und zog — bereits 1896 — nach Berlin voraus. Steiners Plan, ebenfalls nach Berlin zu gehen, war also vermutlich schon damals sicher.

Das letzte, nun wieder unbehauste Weimarer Jahr zog er zu dem befreundeten Ehepaar Crompton ins Erdgeschoß der Kurthstraße 16, heute Erich-Weinert-Straße. Als er im Jahr 1897 dann nur noch zur Erledigung letzter Arbeiten in Weimar war, wohnte er bei seinem Freund und Archivkollegen Dr. Heitmüller, Museumsplatz 6 — heute Rathenauplatz. Die öffentliche Stelle der

«Lungenfürsorge», jetzt in dem großen Haus, verändert durch notwendige Geräte- und Untersuchungswagen den Eindruck des Ganzen. Das tiefe Tal des Asbachs, das diesen Ort einstmals malerisch von der Innenstadt trennte, ist ohnedies jetzt leider zugeschüttet. Aber durch zwei quergestellte Schulgebäude und einen breiten Museumsbau kann man die schöne Geschlossenheit und Abgeschiedenheit des Platzes ehedem noch heute ahnen.

Wenn man rückblickend die Wohnungen betrachtet, in denen Steiners Leben in Weimar verlaufen ist, wirken sie allein schon fast symbolisch: das einzelnstehende palastartige Haus gegenüber dem Goetheschen Wohnbezirk wie der schöne Vorklang; die Eingezwängtheit in fremde Bürgerlichkeit im heutigen Friedrich-Engels-Ring sodann; endlich in der Steubenstraße eine Villa, die noch heute ein wenig von Freiheit und Besonderheit spricht. Daß sie an breiter, offener Verkehrsstraße liegt, könnte wie eine gute Vorbedeutung für die Wirkung der hier geschriebenen Bücher sein.

Am 1. Oktober 1890 hat Rudolf Steiner im Archiv die Arbeit an der Herausgabe der «Naturwissenschaftlichen Schriften» mit Band 6 der II. Abteilung der «Sophienausgabe» begonnen. Statt der «Farbenlehre» hatte er schon 1889 die Herausgabe der «Morphologie» übertragen bekommen. Am 15. Oktober aber schon, also vierzehn Tage nach seiner Ankunft, klagt er dem Freund Ladislaus Specht in Wien: «Nun ist Suphan kaum der Mensch, der die notwendige Energie hat, meine Ansichten, mit denen er sich einverstanden erklärt hat, auch gehörig zu vertreten.» Da also müssen sich bereits deutlich jene Schwierigkeiten gezeigt haben, die die Schicksalsstufe Weimar so tragisch gemacht haben. Daß der zunächst lange vor dem philologischen Auftrag Zögernde damals nun nicht gleich aufgab, zeigt, wie deutlich er fühlte, daß Weimar im Ganzen doch unabänderlich lebensnotwendig für ihn sein würde.

Die Sophienausgabe, heute «Weimarer Ausgabe» genannt, war in vier Abteilungen geplant:

I.   Die Werke
II. Die Naturwissenschaften
III. Die Tagebücher
IV. Die Briefe

Steiners erster Band erschien 1891. Vor den Lesarten steht der Vermerk: «Herausgeber dieses Bandes ist Rudolf Steiner; sachliche und namentlich philologische Fragen wurden fortwährend durch Besprechungen mit dem Redactor des Bandes Bernhard Suphan erledigt, der auch schon während der Vorarbeiten an allen Einzelheiten des Gegenstandes sich rathend und hilfeleistend betheiligte.» Steiner hat nirgendwo geäußert, ob ihn diese, den Wert der eigenen Arbeit einschränkende Notiz irritiert hat; aber es wäre begreiflich. Doch noch negativer lautet der Vermerk in Band 7: Auf Seite 232 heißt es da: «Herausgeber dieses Buches ist Rudolf Steiner: wie die Einrichtungen überhaupt, so wurden sachliche und namentlich philologische Fragen auch diesmal durch Besprechung mit dem Redactor Bernhard Suphan erledigt, der schon während der Vorarbeiten den Herausgeber mit seinem Rathe vielfach unterstützte und durch Superrevision [!] für die Genauigkeit des Druckes mit bemüht gewesen ist.» Die Einwände, die noch heute

Germanisten und Naturwissenschaftler an Steiners damaliger Arbeit üben, fallen nach diesen Erklärungen auf den sich öffentlich zur Verantwortung bekennenden, erfahrenen Philologen Suphan, der freilich kein Naturwissenschaftler war, unwiderlegbar mit zurück.

Steiner hatte in einem fünf Seiten langen kleingedruckten Vorwort zu den Lesarten seine Textauswahl und -anordnung begründet. Er sagt hier: «Grundsatz der Zusammenstellung des Bandes ist somit, das ganze Goethesche Ideen-Gebäude, insofern es sich auf Botanik bezieht ... mit allen von dem Begründer selbstgezogenen Consequenzen aufzuführen. Dieses Prinzip wurde namentlich auch bei der Frage eingehalten, was von den zahlreichen ungedruckten Aufsätzen und Entwürfen aufgenommen werden solle.» Und gegen Ende bekennt er ungescheut: «Bei der Fülle des Materials konnte von absoluter Vollständigkeit nicht die Rede sein.» Wie unbekümmert hat er damals, angesichts der Forderung strenger Philologie, der er gegenüberstand und zu der er beauftragt war, seine Aufgabe angefaßt! Wie überzeugt war er von der Richtigkeit seines Planes, die Goethesche Morphologie als etwas ganz Neues, Wegweisendes, als, wie er sagt: «zentrale Entdeckung Goethes» darzulegen und verständlich zu machen: eben das von genauen sachlichen Beobachtungen erschlossene Geheimnis schaffenden Geistes, der eine schöpferische Idee zu Realem hatte werden lassen. Wie faszinierend aber muß er auch seine Ansichten vorgetragen haben, daß Suphan zunächst immer wieder zustimmte!

Der Band 6 trägt die Jahreszahl 1891 als Erscheinungsdatum. Niemand kann dabei ahnen, daß diese völ-

lig druckfertig vorliegende Arbeit von Suphan zunächst
zweiflerisch wieder zurückgehalten worden war und
Steiner von neuem eine Verteidigung seines Vorgehens,
«das heraustritt aus der Schablone», hatte schreiben müssen, ehe der Redaktor den Mut zu seinem «Placet» fand.
Wie oft mag Steiner grübelnd, verärgert und dennoch
selbstgewiß und auf seinen Stern vertrauend in der Junkerstraße in die Lampe der Spechts geschaut haben! Er
trat nicht zurück von dieser Aufgabe, wie es wohl nahe-
gelegen hätte; im Gegenteil, er mag gefühlt haben, daß
dieser Kampf, ja vielleicht sogar der Fehlschlag in der
landläufigen Wissenschaft nötig war, um ganz frei zu
werden, um seine eigene spätere Lehre, die Anthroposophie, deutlich davon abzuheben.

Dennoch wurden die Auseinandersetzungen mit Suphan und den anderen Redaktoren immer unerfreuli-
cher; denn Steiner, der, durch die neuentdeckten Handschriften neu in seinen Erkenntnissen bestätigt, seines eigenen Planes und seiner Idee immer gewisser wurde,
schob die philologische Forderung nach exakt historischer Folge und Vollständigkeit alles Vorhandenen immer unbedenklicher beiseite. Dem im Handschriften-
lesen Ungeübten und zu schneller Arbeit Verpflichteten
unterliefen auch Lese- und Datierungsfehler, so daß er
sich beschämende Korrekturen gefallen lassen mußte.
Auf einmal aber sah er sich nun auch in der eigenen
Überzeugung und den eigenen Plänen völlig ungeahnten
Schwierigkeiten gegenüber: Niemand hatte ja die von Ek-
kermann und Riemer für die Ausgabe letzter Hand beiseite gelegten, weil unvollendeten Entwürfe und Notizen
Goethes mehr zu Gesicht bekommen. Ganz unvermutet

tauchte nun Neues auf: auf Briefentwürfen oder in willkürlich zusammengehefteten Faszikeln verstreut: in gleicher Weise offensichtlich eilige Einfälle wie sogar Wider-
sprüchliches, aber auch wichtigste Nachträge zu schon
Vollendetem. Manches war auch kaum entzifferbar. Goethe hatte diktiert und selber eilig am Rande, oftmals mit
stumpfem Bleistift, kaum noch leserliche Randbemerkun-
gen gemacht, ja er hatte in der Fortsetzung des ihm selbst-
verständlichen Gedankens Worte abgekürzt. Wenn da
am Rande etwa «Verd» stand, so war nicht eindeutig zu
entscheiden, ob Verdunstung, Verdünnung oder was
sonst unwiderlegbar gemeint war. Gewiß, man sah dadurch tief in das Geheimnis geistiger Arbeit hinein. Wo
aber war sachliche Richtigkeit? War es nicht wirklich besser, solche Schrift zunächst beiseite zu legen! Steiner löste ja als erster Schnüre, die fünfzig Jahre lang zugeknotet
gewesen waren. Er sichtete, er ordnete – aber er schob
auch unbekümmert zurück: wenn es nicht ganz zu seinem Plan paßte. Er wollte ja nur die lebendige Idee der
Gestaltlehre Goethes einfach und überzeugend darstel-
len, während doch die Sophienausgabe das Ziel verfolgte,
alles von Goethe Stammende in historischer Reihenfolge
zu veröffentlichen, so daß man die genaue Entwicklung
mit allen Widersprüchen hätte verfolgen können.

Die Arbeitsatmosphäre in den kleinen Räumen des
Schlosses war zudem der Lösung schwieriger Probleme
und intensiver Konzentration keineswegs günstig. Es
war eng: Die drei jungen Mitarbeiter Wahle, von der
Hellen und Steiner, jeder mit einem völlig anderen
Thema beschäftigt, saßen zusammen und gerieten, durch
ihre Arbeit fasziniert, oftmals in lebhafte, zeitraubende

77

Diskussionen. Es kamen viele Besucher, interessante Menschen aus aller Welt, die es wert waren, daß man sie kennenlernte. Sie wollten Fragen beantwortet haben, die weitab lagen vom eigenen Arbeitsgebiet. Sie verlangten, Originale gezeigt zu bekommen, nach denen lange gesucht werden mußte. Dann stand man umher, geriet ins Plaudern, war angeregt und bereichert — aber eben auch gestört und abgelenkt. Andererseits drängte die Großherzogin und folglich auch Suphan, so schnell wie möglich fertige Bände herauszubringen. Und dabei hätte diese Aufgabe in Wahrheit lange Jahre des Forschens, der Überlegung und Besinnung gefordert!

Wie mühevoll die Arbeit am Archiv überhaupt war, das wird erst recht offenbar, wenn man die Bände der Sophienausgabe aufschlägt und hinter den Goetheschen Texten die vom Laien meist kaum beachteten Lesarten nicht nur überfliegt, sondern einmal Zeile um Zeile, Wort für Wort liest. Diese Seiten, in kleinstem Druck angefügt, stellen eine nur vom Wissenschaftler in vollem Umfang zu ermessende Philologenarbeit dar. Sie schildern das genaue äußere Detail der Texte vorn im Band: die Papierart und -größe; ob von Goethe eigenhändig oder von welchem Schreiber; ob mit Tinte, mit schwarzer oder roter, mit Blei oder Rötel geschrieben; welche Korrekturen vorgenommen worden waren, manchmal war es nur die Berichtigung eines einzelnen Zeichens oder Buchstabens. Oftmals konnte allein die Beschreibung der Papierart oder der Duktus der sich mit den Jahren nach und nach verändernden Handschrift Goethes eine Datierung der Schriftstücke ermöglichen, und dazu hätte es langer Übung gebraucht.

Die Folge all solcher Schwierigkeiten war, daß im Jahr 1892 nicht Band 7 erschien, sondern zunächst Band 9, und daß für den Band 8 der Jenenser Anatom Karl von Bardeleben als Herausgeber herangezogen wurde. Hierbei aber mußte Steiner, wie das Vorwort der Lesarten aussagt, «vom Goethe- und Schiller-Archiv aus» die mühsame und wichtige Arbeit der Lesarten besorgen. Daß er dabei auf die Idee kam, der Schädel, an dem Goethe den Zwischenkieferknochen entdeckte, müsse sich noch in den Sammlungen finden lassen, und er mit Bardeleben und Ruland, dem Leiter des Goethehauses, lange danach suchte — seine Hand also wie einst diejenige Goethes all die vorhandenen knöchernen Gebilde berührte —, ergibt ein unvergeßbares Bild aus dieser Zeit.

Immerhin, unabhängig von all diesen Problemen und Auseinandersetzungen innerer und äußerer Art, war es gewiß ein unbeschreibliches Erlebnis für Steiner, aus Niederschriften, die noch geheimes Leben an sich trugen, weil sie unmittelbar aus Goethes eigener Hand stammten, Texte kennenzulernen, die seit über fünfzig Jahren — ja vermutlich einige noch länger — kein Mensch wieder zu Gesicht bekommen hatte! Selbst jene, die Steiner von der Ausgabe letzter Hand, die ihm für die Kürschnersche Goetheausgabe zur Verfügung gestanden hatte, also dem Inhalt nach kannte, nun in Goethes Handschrift zu betrachten, war für ihn, der zunächst nur als Forschender, Denkender an die Manuskripte heranging, ein unvergeßbarer Eindruck, den er mit allen Sinnen aufnahm. Die Handschrift, ja schon das Originalpapier, das Goethe einmal vor Augen gelegen hatte, von ihm in Händen gehalten worden war, schufen eine geheime, intensive Verbindung, die nur zu ahnen ist. Goethes Gedanke erlebte unmittelbar in Steiners Seele lebendige Auferstehung.

Der Dreißigjährige lernte bei dieser Arbeit intensiv zu sehen, zu schauen, durch die Augen Realität zu erfassen, die hinter den Dingen lag. Da waren die Aufsätze über den Granit, über die Wolken, über die Spiraltendenz der Pflanzen, über Magnetismus und Elektrizität — in der Handschrift waren sie ihm alle noch unmittelbar Wort und lebendige Rede! Vermutlich las er, der ja aus östlicher Gegend kam, die geologischen Beschreibungen der «Böhmischen Gebirge», als hörte er unmittelbar, als sähe er selber so, wie Goethe gesehen hatte. An dieser philologisch-naturwissenschaftlichen Arbeit gewann er eine Fähigkeit, die ihn bei seinem späteren Wirken auszeichnete und zu Hilfe kam.

Der Vers, den Goethe seiner Betrachtung über die «Böhmischen Gebirge» vorausschickte, war sicher von tiefem Eindruck für ihn. Goethe läßt hintergründiges Erlebnis erahnen, wenn er bekennt:

> «Was ich dort gelebt, genossen,
> Was mir all dorther entsprossen,
> Welche Freude, welche Kenntnis,
> Wär ein allzulang Geständnis!
> Mög· es jeden so erfreuen,
> Die Erfahrenen, die Neuen!»

Er, Rudolf Steiner, war ja beides zugleich: Er war in diesem Bereich ein Erfahrener und ein Neuer, so wie in seinem ganzen Leben in Weimar.

Er war ein Neuer, als er in der Prellerstraße in Weimar seine «Philosophie der Freiheit» verfaßte, eine Betrachtung, die zwar auf Goethe aufbaute, die er jedoch weiterzuführen versuchte.

Er erregte mit dieser Schrift bei seinen Amtsgenossen nichts als Befremden, und es war begreiflich, daß Suphan eine Anfrage, ob Steiner für die Universitätslaufbahn tauge, negativ beantwortete.

Durch Frau Elisabeth Förster-Nietzsche eröffnete sich ihm dann zwar für eine kurze Zeit die Aussicht, bei der Herausgabe der Nietzscheschen Schriften in Weimar eine Stellung zu finden. Als sich auch dies zerschlug, verließ er nach sieben Jahren Weimar, zugleich enttäuscht und bereichert. Er ging nach Berlin, wo er sich der Arbeiterbildung widmete und dann der Theosophie zuwandte. Immer auf diesen unerwartet neuen Wegen gelangte er zur Begründung der Anthroposophie, in der er auf allen Lebensgebieten das zu verwirklichen suchte, wozu Goethe ihn ermutigt hatte: nämlich zugleich mit der Realität der Erscheinungen die schöpferische Idee dahinter zu erfassen und so Geist und Materie menschenwürdig und fruchtbar zusammenzuschließen.

Max Hecker

oder
Ein Leben für das Goethe-
und Schiller-Archiv

So habe ich ihn noch immer vor Augen, meinen Vater,
wie er täglich, des späten Nachmittags, wenn er vom
Dienst im Archiv gekommen war, und abends bis tief in
die Nacht hinein über die Schreibtischplatte gebeugt da-
saß: die linke Hand über einem Schriftstück langsam
von Silbe zu Silbe rückend, in der rechten einen dünnen, aber schön gedrechselten hölzernen Federhalter
mit einer Stahlfeder, die er von Zeit zu Zeit in rote Tinte
tunkte und ebenfalls von Wort zu Wort, ja von Buchstabe zu Buchstabe weiterschob, um hie und da auf dem
freien Rand des Blattes ein Zeichen zu machen. Sein
Kopf — es hätte der schöngeformte Kopf eines Römers
sein können — wendete die großen hellen Augen auf-
merksam vergleichend hin und her: Mein Vater las Korrektur.

Und der schmale hölzerne Federhalter, den er immer dabei, und nur dabei, benutzte, war für ihn bedeutungsvoll mit dieser mühsamen ernsten Arbeit verbunden. Der Federhalter war nämlich ein Stück von jenem
hölzernen Kran, der mit weit in die Luft ragendem Arm
jahrhundertelang auf dem unvollendeten Turm des Kölner Doms gestanden hatte. Mitten im Bau war einst die
Arbeit eingestellt worden. War die fromme Gesin-

nung geschwunden oder das Können für den einmal begonnenen Stil, oder war es eine Sache des Geldes gewesen? Max Hecker war Kölner; er hatte oft und oft als
Kind diesen Kran gesehen. Da beschloß das neugegrün-
dete Deutsche Reich im Jahr 1880, den Dom endlich zu
vollenden. Heckers Vater war Ingenieur beim Stadtbau-
meisteramt, und als der Kran, der Hunderte von Jahren
auf dem Turmstumpf allem Wind und Wetter widerstan-
den und die bedauernden oder gleichgültigen Blicke vieler Generationen auf sich gezogen hatte, niedergeholt
wurde, hatte er, sich des epochalen Ereignisses bewußt,
am Bauplatz einen Span von diesem Kran abgeschlagen
und das Stück eisenhartes Holz einem Drechsler übergeben, damit der ihm daraus in einfacher gefälliger Form
einen Federhalter anfertige. Als sein ältester Sohn im
Jahre 1900 als Dreißigjähriger Köln verließ, um an das
Goethe- und Schiller-Archiv zu gehen, also zu einer
ganz besonderen, einmaligen Arbeit nach Weimar, hatte
er ihm diesen Federhalter übergeben. Max Hecker hatte
ihn genommen und gebrauchte ihn nun bei der strengen
philologischen Arbeit am Bau des Goetheschen Werks.
Aber eben nur da.

Korrekturlesen ist eine schwierige, alle Kräfte bean-
spruchende Arbeit, von der sich niemand, der sie nicht
schon einmal getan hat, eine Vorstellung machen kann —
auch eine Bauarbeit —, und Hecker erinnerte sich wohl
hie und da mit lächelnder Bewegtheit daran, daß er dabei ein Stück Holz in der Hand hielt, auf dem Goethes
Augen doch einmal geruht hatten. Es war nichts als ein
Stück Holz — für ihn aber war es ein Werkzeug, das besondere Bedeutung hatte und das er mit der Gesinnung

eines mittelalterlichen Bauknappen benutzte. Er prüfte genau Buchstabe um Buchstabe, aber neben diesem Detail dazu den Sinn des Ganzen mit Konzentriertheit und staunenswerter Unermüdbarkeit, aber eben auch mit wachsamer geistiger Überschau, die immer das Ganze im Sinn behielt. So setzte auch er Stein um Stein, um einen Dom zu vollenden. Und eben dies ist wohl die Besonderheit des geborenen Philologen — und es gibt davon nur wenige —, daß er nicht nur mechanisch-genau und sorgfältig prüft, sondern dabei nie das helle Bewußtsein verliert, daß durch ihn in jedem Wort der schöpferische Geist sichtbar werden muß, der es geprägt hat.

Max Hecker war am 6. April 1870 in Köln geboren und hatte in Bonn Germanistik, Anglistik und Philosophie studiert. Seine Doktorarbeit galt dem Philosophen Schopenhauer, und der schon hatte ja — seltsam sinnvolles Schicksal — mit Weimar und Goethe zu tun und hatte wie Goethe selbst, wenn auch mit ganz anderem Ziel, nach dem schöpferischen Urgrund der Dinge gesucht. Diese Dissertation baute Hecker zu einer umfangreichen Habilitationsschrift aus, die den Titel «Schopenhauer und die indische Philosophie» trug. Schopenhauer — rückblickend nun denke ich, wie bezeichnend es war, daß sich der junge Gelehrte diesen eigenwilligen Denker, diesen illusionslos die Welt betrachtenden Philosophen als frühes Arbeitsgebiet gewählt hatte. Er lernte zwar von ihm, daß eine Lösung aller irdischen Probleme allein in der Kunst liege, er lernte auch von ihm genaueste, rhythmische Prosa und lernte es, in den Bitterkeiten des Lebens um Gelassenheit zu ringen, indem er in eigener Gedankenwelt aus schmerzhafter Wirklichkeit herauszutreten versuchte. Aber, wie der kleine Federhalter vom Holz des Domkrans eine Art Symbol war, so wurde es auch der geniale, aber glücklose Schopenhauer. Wie eine dunkle Kappe schob sich eine pessimistische Grundhaltung über die phantasiereiche, allzeit zu Witz bereite und den Schönheiten des Lebens zugewandte Seele des jungen Kölners.

Zunächst zwar war es wie eine glückliche Schicksalsfügung im Sinne indischer Philosophie, daß seine Habilitationsschrift einem vermögenden Schopenhauerliebhaber in Weimar bekannt wurde — es war der Kaufmann Stavenhagen, der Vater des berühmten Liszt-Schülers Bernhard Stavenhagen —, der, diese gründliche Arbeit des jungen Gelehrten bewundernd, ihn für einige Wochen nach Weimar einlud. Im Kreise Stavenhagens lernte Max Hecker den Direktor des Goethe- und Schiller-Archivs, Bernhard Suphan, kennen, und der, ausschauend nach tüchtigen Philologen und begeisterungsfähigen Idealisten, forderte Hecker, der nach einer sinnvollen, besonderen Arbeit suchte, auf, nach Weimar zu kommen und als einer jener ersten Archivare an der Veröffentlichung des Goetheschen Erbes mitzuarbeiten, das erst seit kurzen vierzehn Jahren durch Walther von Goethes Vermächtnis der Welt vor Augen gekommen war.

Am 20. Juni 1896 hatte Bernhard Suphan den schönen Palast eingeweiht, den die alleinige Erbin des Goetheschen Nachlasses, die Großherzogin Sophie von Sachsen-Weimar, über den kostbaren Papieren, die schnell durch Schillers und anderer Dichter Nachlaß vermehrt worden waren, errichtet hatte. Ein glückhafter Leiter dieses Prachtbaus aber war er nicht: Mit eigener

Lebensmisere beladen, war er trotz überlegener Kenntnisse eingezwängt in ein Untertanensein gegenüber dem fürstlichen Haus. Seinem strengen Philologensinn widersprach andererseits oftmals die geniale Vielfalt seiner jungen Mitarbeiter. Bei Max Hecker belastete ihn dies noch in besonderer Weise: Er hatte dem jungen Arbeitsgenossen, den er da zum 1. April 1900 anwarb, eine finanziell auskömmliche Stellung zugesichert. Nur er aber wußte, daß er diese erst beim Großherzoglichen Hause erreichen mußte und eben doch bei dem jungen, dem Erbe gegenüber gleichgültigen Großherzog niemals anzumahnen wagte. So blieb Max Hecker, den Suphan zwar zu einer einmalig sinnvollen Arbeit herbeigerufen hatte, lebenslang in finanzieller Bedrängnis und Ungesichertheit. Die Besoldung, die er vom großherzoglichen Hause, aber in gleicher Weise später vom Thüringischen Staat erhielt, war so gering, daß er nie ohne mühselige Nebenarbeit den Lebensunterhalt seiner Familie bestreiten konnte. Eben das Bild des allzeit am Schreibtisch arbeitenden Vaters ist seinen Kindern als Lebensmuster, aber auch als Lebensleid unvergeßlich.

Dennoch, der Mann, der sich mit Schopenhauer um eine gelassene Anschauung des Wertes aller Dinge und ihre Erlösung durch die Kunst bemühte, schätzte die Einmaligkeit seiner Pionierarbeit am Goetheschen Werk, die Entdeckerfreude an den Handschriften, den immerwährenden, den immer neuen geistigen Reichtum, den ihm seine Arbeit bot, so hoch, daß er blieb — daß er sechsundvierzig Jahre seines Lebens hingab, um in philologischer Kleinarbeit Goethes Wort aufs Minutiöseste genau zu klären und zu veröffentlichen.

Welches Glück aber muß ihn andererseits auch erfüllt haben, wenn er etwa an der Handschrift des «Götz» entdecken konnte, daß die berühmte, oft zitierte Mahnung: «Schließt Eure Herzen sorgfältiger als Eure Thore!» im Manuskript hieß: «Schließt Eure Herzen sorgfältiger als Eure Truhen!» Ein jahrzehntelang in zahllosen Drucken durchgeschleppter Fehler konnte berichtigt werden. Wenn überhaupt genaues dichterisches Wort Gewicht hat, so ist es gewiß wesentlich, ob Goethe Thore oder Truhen gemeint hat: Die Truhe verschließt Kostbares, durch das Tor vermag aber etwas ein und aus zu gehen. Mit solcher Gewissenhaftigkeit und Genauigkeit, mit oftmals belächelter Hingabe auch an das Kleine und Kleinste gelangen Max Hecker immer wieder Textbereinigungen, Entzifferungen und Richtigstellung bisher ungenau gebliebener Stellen. Er entwickelte sich bei solcher Arbeit zu einem fast unfehlbaren Kenner der gesamten handschriftlichen Hinterlassenschaft Goethes und drang so, ein echter Philologe, ein wahrhaft Liebender des Logos, des Wortes, tief in die Geisteswelt Goethes ein.

Heckers unermüdlicher Ausdauer, seiner mathematisch-strengen Genauigkeit dankt das Archiv die erste Ordnung seines umfangreichen Bestandes und die Registrierung jedes neuen Fundes, jeder ermittelten Korrektur — zu seiner Zeit galt es ja, in einer Art Pionierarbeit Goethes Hinterlassenschaft erst rein und genau darzulegen. Das Arbeitsexemplar der «Weimarer Ausgabe», der «Sophienausgabe», wie sie zu seiner Zeit noch hieß, zeigt auf zahllosen Seiten in fast jedem ihrer 143 Bände in seiner klaren, rhythmisch-pulsierenden Handschrift, die ebenso von seinem Kunstsinn wie von seiner Genauigkeit zeugt, Zusätze und Berichtigungen. Sie waren im Laufe der Jahre gemacht worden und wären ohne seine gewissenhaften Einzeichnungen zerstreut und verlorengegangen. Schon diese besondere «Sophienausgabe» im Goethe- und Schiller-Archiv ist ein bleibender, sichtbarer Grundstein, den Hecker dem Archiv eingemauert hat.

Ebenso legt sein berühmtes «Rotes Buch» Zeugnis ab von einer Urkundenforschung, die allein er mit größter Zielstrebigkeit geleistet hat: In jahrelanger Abendarbeit hatte er sämtliche Weimarischen Zeitungen von 1775 bis 1832 durchgesehen und in Hunderten von Notizen die Lebensdaten, Beförderungen und besonderen Schicksale jener Weimarer Bürger, die Goethesche Zeitgenossen gewesen waren, verzeichnet. Dadurch schuf er wie nebenbei ein farbiges einmaliges Bild von Lebensläufen in der Stadt zu Goethes Zeit. Zahllose Wissenschaftler nutzen noch heute diese vorausschauende Arbeit; zahllose Kommentare wären ohne Heckers «Rotes Buch» unvollkommen und unvollständig geblieben.

Aber dann sind da vor allem auch jene zwölf Bände der Weimarer Ausgabe selbst, bei denen er als selbständiger Herausgeber − bei zahlreichen weiteren als verantwortlicher Redaktor − tätig gewesen ist. Bei Hecker aber befinden sich nun auch zwei Registerbände darunter, mit insgesamt 1300 Seiten. Man denke: weit über tausend Seiten nichts als Zahlenhinweise! Er begnügte sich dabei nicht nur damit, erwähnte Namen zu verzeichnen, sondern hielt auch jene Stellen fest, wo ein Wort nur unter Andeutung, unter Umschreibung, ja nur unter Goethes gedanklicher Vorstellung oder Erinnerung verborgen ist. Nur bei einer umfassenden Kenntnis des Goetheschen Werks und Lebens waren solche Stellen überhaupt erkennbar, und so machen seine Registerbände die Weimarer Ausgabe in einer besonderen, wegweisenden Weise benutzbar.

Max Hecker hat seine Arbeit im Archiv an der «Weimarer Ausgabe» mit dem Kommentar zu «Achilleis» begonnen, und es ist seine besondere Aufgabe geblieben, Zerstreutes zu sammeln, sinnvoll zusammenzufügen und erschließend zu kommentieren. Die stillen, hohen, festlichen Säle des Archivs haben wohl auch dazu beigetragen, ihm diese Arbeit immer von neuem als auserwählt erscheinen zu lassen. Das Bewußtsein, einem Höchsten im Reiche des Geistes zu dienen, machte ihm in all den langen Jahren seine diffizile Kleinarbeit zu einer sittlichen Aufgabe. Er vollbrachte es, die «Maximen und Reflexionen», die zahllosen Gedanken- und Erkenntnissplitter Goethes, in einer noch heute, nach mehr als einem halben Jahrhundert gültigen Form zusammenzufügen und zu ordnen. Er entdeckte Goethes kaum bekannten, nie weiter erforschten großartigen, leider nie begonnenen Plan, eine Abhandlung über das Weltall zu verfassen. Erst dreißig Jahre nach seinem Tod bestätigte und würdigte Hans-Heinz Reuter diese Tatsache. Hekker edierte als erster umfassend die umfangreichen schönen Briefwechsel Goethes mit Marianne von Willemer, mit Zelter, mit Heinrich Meyer, wobei er die zu publizierenden Dokumente zum Teil erst finden und zusammenstellen, erst datieren und nach Sinn, Papier, Tinte und Handschrift ordnen mußte.

Er war so vertraut mit Goethes Handschrift, daß es

ihm oftmals gelang, selbst abgerissene Manuskriptzettel, indem er sie wieder und wieder betrachtete, schließlich zu dem zugehörigen Werk, wenigstens in die zugehörige Zeit, einzufügen. Es war dabei wohl auch ein Stück besonderer Intuition wirksam, eine Gedankentiefe, die in Wesenhaftes, in Irreales griff. Wer vermag sich heute noch, wenn Texte einfach abgelichtet werden, vorzustellen, was es bedeutet, Goethes Handschrift mit eigenen Augen, mit eigener Hand abzuschreiben! Da kann noch eine Beziehung wirksam werden, die nicht mit Worten auszudrücken ist. Hecker gewann so eine außergewöhnliche, tiefgründige Einsicht in den erschütternden, oftmals zwiespältigen und nicht ohne weiteres zutage liegenden Reichtum der Goetheschen Persönlichkeit und ihrer Tragik, die der Allgemeinheit, die nur von dem Olympier weiß oder heutzutage den Olympier von seiner Höhe zu stürzen versucht, verschlossen bleibt.

Er prüfte und verglich und berichtigte die vielen Druckbogen, die ihm dann vor Augen kamen, mit jenem dünnen Federhalter vom Holz des Domkrans. Und es scheint mir fast ein tragisches Gleichnis, daß die drei gewichtigen Bände des Zelter-Briefwechsels, zu denen sein Spürsinn die erschütternde Totenmaske Zelters fand, ohne Register, also ohne wichtige Erklärung und Krönung geblieben sind. Dem verantwortungsbewußten Wissenschaftler, der zudem schon in jungen Jahren der schweren Krankheit des Diabetes ausgeliefert war, fehlte schließlich die Zeit und, angesichts der zahllosen, nur den beiden Korrespondenten selber verständlichen Andeutungen und Verschlüsselungen über Lokalereignisse ihres tief vertraulichen Briefwechsels, wohl auch die

Kraft, um diesem Werk in einem Register, das nicht nur verzeichnet, sondern klärt, seine Vollendung zu geben. Ein halbes Jahrhundert lang ist es niemandem gelungen, diese Arbeit zu leisten, und so publiziert es der Insel-Verlag neu in jener unvollkommenen Vollkommenheit, die eben Hecker erarbeitet hat.

Zwölf Jahre lang, von 1924 bis 1936, war Hecker zudem noch Herausgeber des Goethe-Jahrbuchs. Es kostete viel Mühe, und es bedurfte weiter Überschau über die gesamte Forschung, Jahr für Jahr einen für Wissenschaft wie für Laienwelt gleichermaßen interessanten Band zusammenzustellen. Es bereitete ihm, der die Arbeit anderer hochachtete, oftmals Ärger, wenn er als Herausgeber mit seinem sensiblen und geschulten Sprachsinn stilistische Verbesserungen an den fremden Arbeiten vornehmen mußte oder gar mit besserer Kenntnis der Materie auch sachliche Berichtigungen. In jedem Jahrbuch erschien zudem auch einer seiner eigenen neuen Funde: Er hatte sich inzwischen der zunächst in der Arbeit des Archivs beiseite gelassenen Briefe *an* Goethe zugewendet − es waren über 20000, und erst achtzig Jahre später sind sie unter der langjährigen Leitung von Professor Karl-Heinz Hahn archivarisch registriert worden. Ihm aber gelang es, unter dem Wust dieser zahllosen, oftmals belanglosen, eingegangenen Schreiben Entdeckungen zu machen, die den weiten Umkreis der Goetheschen Welt in erstaunlichem Maße erhellten. Dazu verfaßte er dann Einleitungen, Kommentare, Anmerkungen und schrieb sie mit der Hand nieder. Keine Schreibmaschine, keine Sekretärin, kein Diktiergerät standen ihm dabei zur Verfügung. Er saß und schrieb — und zwar in unaufhaltsamem Fluß, ohne je etwas verbessern zu müssen —, so klar hatte er bereits vorher alles in Gedanken gefaßt.

Neben seinem Schreibtisch stand zur Linken die von Stavenhagen ererbte Büste Schopenhauers mit dem charakteristisch-häßlichen Antlitz, das noch im toten Gips geballte Denkenergie ausstrahlt; zur Rechten aber die grüngraue Skulptur Klauers von dem Goethe der ersten Weimarer Jahre, die mit der lautlosen Musik ihrer Schönheit den in die Erscheinungswelt eingetretenen Auserwählten zu fassen sucht — zwei seltsam widersprüchliche Leitbilder, und dazu ein Federhalter aus beredtem Holz!

Nicht nur Goethe, auch Schiller gehörte zu Heckers Arbeitsgebiet. Angefangen hat er seine unumgänglich notwendige Privatarbeit mit Schiller: Er begann mit der großen Dokumentarsammlung «Schillers Persönlichkeit», die er zusammen mit Julius Petersen in Angriff nahm. Und seltsamerweise hat er wiederum mit einer Arbeit über Schiller geendet. Im Auftrag der Goethe-Gesellschaft unternahm er es, die Behauptung Mathilde Ludendorffs, «Der Freimaurer Goethe» sei Mitwisser davon gewesen, daß der Orden den «Geheimnisverräter» Schiller durch Gift zu Tode gebracht hätte, zu widerlegen. Er suchte und sammelte aus ihm bisher fremden Archiven Zeugnisse und Dokumente, die durch Fakten unwiderlegbar diese Greuelgeschichte ad absurdum führten. Dem Siebzigjährigen gelang noch einmal ein wichtiges wissenschaftliches Werk. Aber es entstand im Jahre 1940, als der Nationalsozialismus in Deutschland herrschte: Der Reichspropagandaminister Joseph Goebbels ließ den Band, der eben erst zum Versand in die Buchhandlungen bereitstand, mit Lastwagen aus dem Insel-Verlag herausholen und dem Namen Ludendorff zuliebe einstampfen. Es blieben nur wenige Exemplare erhalten. In seltsamer Weise wurde Max Hecker auch hier um die äußere Frucht seiner Arbeit gebracht.

Doch als sein 70. Geburtstag herankam, ließ der Leiter des Insel-Verlages, Anton Kippenberg, um ihn zu ehren, in einem Bändchen eine Bibliographie Heckers drucken: eine Zusammenstellung sämtlicher Publikationen, die dieses fleißige Gelehrtenleben zustande gebracht hatte — es waren über zweihundert Nummern! Diese Bibliographie trug, in leiser Ironie die Besonderheit dieses Lebens andeutend, den Titel: «Heac otia fecit» — die Muße vollbrachte dies!

Eben zu seinem 70. Geburtstag aber erhielt der Gelehrte noch eine andere Ehrengabe: In einem ähnlichen Kartonkasten, wie ihn anfänglich das Archiv zur Aufbewahrung der Handschriften verwandte und die er aus ihren Schränken zog, um jungen Menschen Besonderes zu zeigen, hatten über zweihundert Abschlußklassen von Schulen, Gymnasien und Lehrwerkstätten aus allen Gegenden des damaligen Deutschland ihm durch begeisterte Berichte bewiesen, welche unvergeßlichen Erlebnisse er ihnen bei Führungen durch die Schätze des Archivs vermittelt habe. Sie alle hatten durch ihn Entscheidendes vernommen, etwa über die Aussagekraft des Rhythmus, das Geheimnis aller Kunst, oder über die lebenslang in Goethe wachsende Idee des «Faust» oder über die Unausschöpflichkeit und die Menschlichkeit des Goetheschen Genies. Es ist jene Jugend gewesen, die dann der verbrecherische Krieg zum großen Teil hinweggenommen hat. Aber es ist wie ein Denkstein, wenn auch inzwischen unsichtbar, daß ein Heimkehrer mit zerschlissener Uniform an einer Krücke an Heckers Sarg heranhinkte, um ihm den Dank seiner Kameraden nachzurufen. Und noch heute geschieht es wohl, wie Professor Hahn erfahren hat, daß ein nun alter Mensch ohne jede wissenschaftliche Absicht ins Archiv eintritt und diese oder jene Handschrift zu sehen verlangt, nur weil er an ihr einmal durch Max Hecker Ehrfurcht und Bewunderung gelernt habe. Hecker war ja der erste und lange Zeit auch der einzige, der die wissenschaftliche trockene Philologenarbeit des Archivs für die Allgemeinheit, besonders aber für die Jugend in einem Maße fruchtbar werden ließ, daß sich die Schulen mit ihren Lehrern zu seinen Führungen drängten. Und es ist wohl so manchem jungen Menschen das Geheimnis Dichtung aufgegangen, wenn Hecker etwa das Lied vom «König von Thule» im Gleichmaß skandierte, um dann den tragischen Höhepunkt hörbar, fast plastisch sichtbar zu machen durch den gedehnten rhythmischen Umschwung: «Da stand der alte Zecher —» bis hin zu dem nun völlig veränderten Klang des Endes: «er sah ihn stürzen, trinken —».

Max Hecker besaß selber neben seinem exakten Sprachsinn, der uns Kindern oftmals zu schaffen machte, eine sensible Künstlerseele. Ihm prägten sich selbst umfangreiche Werke unvergeßbar ein, wenn er einmal ihre Schönheit bewundert hatte. So konnte er denn auch mit untrüglicher Sicherheit jene vielen Anfragen beantworten, die an das Archiv gerichtet wurden und vor denen noch heute jedem Wissenschaftler leise graut: «Wo steht bei Goethe −?» Kein Nachschlagewerk, wie es sie heute vielfältig gibt, stand ihm da zur Verfügung. Er hob zwar, wenn der andere begann: «Wo steht −» zunächst gewollt abwehrend die Hand und unterbrach sogleich: «Weiß ich nicht −»; aber dann lauschte er in sich hinein, und unfehlbar kam die Antwort.

Sooft aber unser Vater mit seiner Künstlernatur und seinem rheinischen Humor in unberechenbaren, unerschöpflichen Einfällen der Phantasie unsern Kinderalltag belebte, so sehr blieb er auch immer der strenge Präzeptor, dem das Exerzitium der Sprache zum fordernden Gesetz geworden war, zu der «Scheide», in der nach Goethes Wort «das Messer des Geistes» steckt. Er fühlte sich in einer heute wohl gar nicht mehr begreifbaren Verantwortlichkeit der Reinheit und Richtigkeit der deutschen Sprache verpflichtet. Verwechslung von Worten wie «scheinbar» und «anscheinend», «hoch» und «hinauf» (und wahrlich, es ist etwas anderes, ob man «hinauf-» oder ob man «hochgeht»!) empörten ihn immer von neuem. Falscher Gebrauch von Perfektum und Imperfektum oder Nichtbeachtung des Konjunktivs, wie es heute gang und gäbe ist, ließen ihn impulsiv korrigierend eingreifen. Der heute übliche Sprachgebrauch der Berichterstattung in Radio und Fernsehen hätte ihn verärgert. Uns Kindern zwar war es lästig und später als Halbwüchsigen lächerlich, wenn er lebhaft berichtigend in unsere unbekümmerten Erzählungen hineinfuhr − als Erwachsene aber danken wir ihm wache Aufmerksamkeit und lebendige Beziehung zum Wort.

Dieses fruchtbare, aber entsagungsvolle Leben konnte

Hecker nur durchhalten, weil ihm eine Lebensgefährtin zur Seite war, die ihm in bewundernswerter Weise beistand. Es war ein besonderes Geschick, welches diese beiden Menschen miteinander verband: Lili Kaiser wurde 1877 in Köln geboren, als Max Hecker tagtäglich als engster Freund ihres älteren Bruders in ihrem Elternhaus ein und aus ging. Sie ist buchstäblich unter seinen Augen aufgewachsen. Vom ersten Tag ihres Lebens an war sie ihm, war er ihr nah. Ihr Vater aber, ein vermögender Ingenieur in Köln, sah die Beziehung des «ewigen Studenten» Max Hecker zu seiner heranwachsenden bildhübschen Tochter ungern, und so schickte er die Neunzehnjährige kurzerhand nach Brasilien, wo ihr Schwager im Auftrag der deutschen Regierung eine Eisenbahn durch den Urwald baute. Drei Jahre lang zog Lili Kaiser an der Spitze eines Bautrupps farbiger Arbeiter durch eben gerodeten Dschungel und half die sechs kleinen Söhne ihrer Schwester zu betreuen. Doch als sie endlich heimkehrte, stand unabweisbar Max Hecker neben ihrer Familie am Bahnhof, um sie zu empfangen. Er holte sie im Oktober 1900 als seine Frau von Köln nach Weimar, und sie hat ihm dann wahrhaft in seinem Hause nach Goetheschem Wort «Wohl bereitet». Sie hatte es im Urwald gelernt, in allen Lebenslagen Mut zu bewahren und selber praktisch zuzugreifen. Sie tat wie selbstverständlich auch die geringste Arbeit in ihrem Haushalt selber und blieb doch dabei allzeit die lieblich anzusehende Hausherrin. Des Abends aber las sie ihrem Mann zur Erleichterung wohl noch langsam Silbe für Silbe Texte zur Korrektur vor. Sie ermutigte ihn und ihre Kinder durch ihr helles, unbeirrbar heiteres, an al-

Rudolf Steiner

Im Goethe- und Schiller-Archiv: Max Hecker, Hans Wahl,
Hans Gerhard Gräf, Julius Wahle

Goethes Arbeitszimmer im Goethehaus am Frauenplan

Goethe- und Schiller-Archiv

Sternbrücke im Weimarer Park

Die Altenburg im 19. Jahrhundert

Die Altenburg heute.

Max Hecker

lem liebreich teilnehmendes Wesen, und ihre Anmut bezauberte jeden, der ihr begegnete. Als sie im Jahre 1943, fünf dunkle Jahre vor ihm, an heimtückischer Krankheit starb, brach im Grunde auch seine Lebenskraft. Lange suchte er nach einem bezeichnenden Wort für den gemeinsamen Grabstein, der nach seinem Wunsch ein antikes Tor für Ein- und Ausgang darstellt. Schließlich griff er auf den bedeutungsschweren Ursprung des Wortes «Genossen» zurück: Wenn man Leben gemeinsam genießt, so vermag man zu genesen; und wird einander Genosse, für das Grab und über das Grab hinaus. So ließ er es über ihre Namen setzen.

Ein Hecker ist ein Weinbauer — man kann es im mittelhochdeutschen Lexikon, dem «Lexer», nachschlagen: er bearbeitet den Hang für Wein, und wenn die Lese kommt und der junge Wein trinkbar ist, so darf allein ein Hecker einen «Buschen», einen Strauß Weinblätter, an seinem Berg heraushängen und den «Heurigen» ausschenken. Max Hecker war stolz auf den Sinn dieses Namens und ließ sich von einem jungen Maler der Weimarer Kunstschule, der begeistert seine Führungen gehört hatte, ein Exlibris entwerfen: Es zeigt einen jungen Mann im Arbeitswams, einen Weinlaubkranz im Haar, und er schenkt den Wein deutscher Klassik aus. Dieses Exlibris, das all seine Bücher ziert, war sein Stolz, denn es war ein Bekenntnis.

So unlöslich er aber auch mit dem Goethe- und Schiller-Archiv verbunden war und blieb, so ist er doch kein Weimarer geworden, sondern eben Kölner geblieben, ein Großstädter, ein Außenseiter. Wenn er, um irgend etwas in sich still zurechtzulegen, spazierenging, so suchte er keineswegs den Park oder das nahe gelegene Webicht auf, sondern er ging durch den belebtesten Teil der Stadt; über den Markt, durch die Schillerstraße, an der Post vorbei, zum Bahnhof hinauf, wieder zurück und abermals hinauf. Nur in dem Getriebe fremder Menschen und Wagen fand er die Einsamkeit und Ausgesondertheit, die er für seine Gedanken suchte. Er ging aufrecht und mit leichtem Schritt, mittelgroß und immer gepflegt, aber sichtbar ein Ausgesonderter. Die Ausstrahlungskraft seiner Persönlichkeit umgab ihn wie ein Mantel. Sein rheinländischer Sinn für Humor, Scherz und Witz, der plötzlich aus seiner Verschlossenheit hervorbrach, um in schnell entzündbarer Art zu reagieren, fand in Weimar selten Verständnis, noch seltener Widerhall. Und es scheint mir, nur wer die enge «Hohe Straße» Kölns in alter Zeit noch gesehen hat, mit ihren schmalen, eng aneinandergedrängten, dichtbevölkerten Häusern und dem gewaltsam, fast drohend unmittelbar darüber emporragenden Dom, wer noch erfahren hat, wie in alter Zeit ein breiter Strom eine deutlich erlebbare Grenze setzt und dennoch Verbindung zu etwas anderem, Fremden bildet, wer erfahren hat, wie dieser Strom immer wieder mit Eisgang und Hochwasser Gefahr, ja Verderben bringen kann für die Häuser am Ufer – und die Wohnung des Stadtbaumeisters Hecker lag unmittelbar am Rhein –, der kann verstehen, aus welcher Wurzel der Zwiespältigkeit Kölner Wesensart gewachsen ist, einerseits aus gelassener, wenn auch ein wenig melancholischer Resignation und andererseits aus hellem plötzlichem Aufspritzen über alle Enge hinaus, über alle Ängste hinweg, in einem Triumph der Leichtigkeit, des

Leichtsinns, wortwörtlich des leichten Sinns. Zutiefst blieb Hecker ein Kölner, selbst mit dem Anklang rheinischer Mundart seines Sprechens. Wenn Freunde von außerhalb nach Weimar kamen, wie etwa der witzige Max Morris, der amüsante Eduard Berend oder der originelle Pater Expeditus, so gab es endlos Gespräche und Gelächter, als sei ein Fest. Wir Kinder stürzten dann auf den Berliner Armenarzt Morris zu, der immer in ausgebeulten Taschen seines abgetragenen Mantels pfundweise Bonbons und seltenes Spielzeug für uns stecken hatte, staunten schüchtern den dicken Mann in der braunen Franziskanerkutte an, dessen Füße auch bei kaltem Wetter nackt in Sandalen steckten, und staunten, wenn man über Berends Jean Paul-Bemerkungen lachte. Hecker gehörte auch früh der «Waldenburger Tafelrunde» des Fürsten Schönburg an und ebenso der «Stadelmann-Gesellschaft», die der Verleger Anton Kippenberg witzsprühend als Gegenbild zur Goethe-Gesellschaft um sich geschart hatte. Die Publikationen beider Kreise, in denen Hecker häufig als Autor vertreten ist, sind heute bibliophile Kostbarkeiten. Er war auch einer der ersten Glieder der phantasievollen Zusammenkünfte der einstigen Fürstin von Albanien in dem historischen Häuschen neben Goethes Gartenhaus im Park. Man lauschte dort der berühmten Schauspielerin Antonia Dietrich, die zwischen den stillen Bäumen des Parks die Iphigenie darstellte, man ergötzte sich am Laienspiel des «Sommernachtstraums», oder man pokulierte in dem Alchimistengewölbe des Kellers bei Kerzenlicht, umkreist von einem großen langhaarigen weißen Schäferhund aus den Pyrenäen. Verkehr mit Weimarer Familien hatte er kaum, und der mit den Kollegen blieb im großen und ganzen auf seine Arbeitsstätte beschränkt. Die Weimarer waren in Weimar zur Schule gegangen, hatten in Weimar Verwandte und Freunde und also in Weimar ihre sie fördernden Beziehungen, und so sehr sie Heckers Arbeit nutzten und schätzten, verständnisvolle Helfer in seiner zwiespältigen Stellung fand er in Weimar nicht.

Zwar war er schon früh Professor geworden, und bereits zu seinem 50. Geburtstag wurde ihm die seltene Ehrung durch die Medaille der Goethe-Gesellschaft zuteil, er wurde im Jubiläumsjahr 1932 zur Einweihung der «Casa di Goethe» als einer der drei deutschen Goethegelehrten von der italienischen Regierung nach Rom eingeladen und wurde Ehrenbürger der Universität Jena. «Meister Hecker», so redeten die Mitarbeiter ihn an. Als nach der Novemberrevolution die Bestände des Archivs in den Besitz des Landes Thüringen kamen, da dachten die Weimarer maßgeblichen Stellen nur an ihre Weimarer Freunde und keiner an den Fremdling, der nun endlich, in finanzieller und sozialer Sicht, gebührende Einordnung verdient hätte. Und als er nach sechsundvierzig Jahren unauslöschlicher Arbeit aus dem Archiv ausschied, ließ man ihn ohne ein Wort des Dankes und mit blamabler Altersversorgung gehen.

Das letzte Leid dieses Lebensgangs aber geschah ihm, als sein Sohn Wolfgang im Chaos der deutschen Armee 1944 unterging. So hat Max Hecker, geboren neun Monate vor der Reichsgründung, die Epoche deutscher Geschichte von anscheinend blühendem Anfang bis zum bitteren Ende durchlebt; auch darin exemplarisch.

Mein Vater war ein sich verständnisvoll einfühlender,

phantasievoller, impulsiv zu Scherz und Spaß aufgelegter Mann, den wir liebten; er war ein strenger, fast pedantischer Kritiker, den wir fürchteten und über den wir uns als Jugendliche mokierten. Er war beides: inspirierender Causeur und in sich verschlossener, schweigsamer Sonderling, den Entsagung geprägt hatte − und doch wußte er alles in sich zu einer eindrucksstarken Persönlichkeit zu vereinen. Die seltsame Zwiespältigkeit der Geister, die ihm Leitbilder gewesen waren, deren Büsten neben seinem Schreibtisch standen, Schopenhauer und Goethe, hatten dies in staunenswerter Weise vollbracht; der eine mit seinem weltdurchschauenden Pessimismus, der andere mit seiner immer neu tapfer ergriffenen Daseinsbejahung.

Jede Zeit hat sich Goethes bemächtigt: Philosophen, Germanisten, Schriftsteller, Leser. Jede Zeit hat sich das ihr gemäße Goethebild geschaffen. Es ist geblieben oder mit der Zeit vergangen. Der Philologe aber, manchmal belächelt, niemals gewürdigt, fast nie beachtet, er sicherte das Bleibende, das Wort, und Hecker hatte das Glück, als einer der ersten, einer der Wenigen, an dem soeben zutage getretenen Erbe zu arbeiten − eine Art Bauarbeit. Und der Kran vom Kölner Dom lieferte symbolhaft das Holz zu dem Federhalter, mit dem er diese Leistung vollbrachte. So hat er denn wohl mit Recht seine letzte Ruhestätte zu Füßen des Meisters gefunden, dem er fast lebenslang gedient hat; und, da noch heutigentags seine Arbeit genutzt und gebraucht wird, so gilt wohl mit Recht für ihn Hiobs Wort, daß eines Menschen Zeit länger währt als eines Mannes Jahre.

«Das Blatt, wo seine Hand geruht»

Im Jahre 1885 verstarb in vornehmer Dürftigkeit in
Leipzig der letzte Enkel Goethes, Walther von Goethe.
Seit Goethes Tod, also mehr als fünfzig Jahre lang, hatte
der verdüsterte, ein wenig verwachsene Sonderling, dessen mittelmäßige Anlagen sowohl menschlich wie künst-
lerisch unter dem fordernden Schatten des Großvaters
völlig erstickt waren, ebenso wie sein jüngerer Bruder,
das von Goethe so geliebte Wölfchen, die kostbare Hinterlassenschaft ängstlich und engherzig vor aller Welt abgeschlossen. Als er aber nun sein freudenloses Dasein zu
Ende gebracht hatte und man des letzten Goetheenkels
letzten Erdenwillen eröffnete, da zeigte es sich, daß Walther von Goethe von hohem Verantwortungsgefühl für
das Erbe, das er selbst zwar nur als Last empfunden
hatte, beseelt gewesen war; er hatte den gesamten Nachlaß des Großvaters der Öffentlichkeit vermacht: das
Haus und die Sammlungen dem Staat, die intime Gei-
steskostbarkeit der handschriftlichen Papiere aber derjenigen Frau, die nach Wirkungsmöglichkeit die geeignete
Vertreterin der Öffentlichkeit war und von der er allzeit
Verständnis erfahren hatte, der Großherzogin Sophie
von Sachsen-Weimar. Die Großherzogin Sophie hat sich
dieses Vertrauens würdig erwiesen und hat mit Großzü-

gigkeit und Weitblick über diesen einmaligen Papieren in Weimar auf dem östlichen Steilufer der Ilm ein massives Steinrechteck erbaut, einen Palast für das Wort Goethes.

Seitdem haben dort oben in den weiten hellen Sälen zahllose Besucher den Kopf über Goethes Handschrift gebeugt. Sie haben bewundernd und ergriffen bekannte und unbekannte Texte im Manuskript beschaut, sie haben mit zäher Geduld an verwischten Bleistiftzügen, an hastigen, fast unleserlichen Federstrichen gedeutet; Deutsche und Ausländer, Männer und Frauen, Fachwissenschaftler und Laien.

Kaum faßbar ist der Reichtum dieses handschriftlichen Nachlasses. Goethe, der wie kaum ein anderer die Fähigkeit erworben hatte, sich selbst objektiv zu werden, sich selbst gegenüberzutreten, war sich durchaus über seine Stellung innerhalb der deutschen Geistesgeschichte im klaren gewesen: Er wußte, daß durch ihn und durch ihn hindurch die ethisch-geistige Entwicklung seines Volkes einen bedeutenden Vorschritt zum Ideal des reinen Menschentums genommen hatte. Er ahnte und hoffte, daß seine Ideen zu naturwissenschaftlichen Phänomenen ein Quell lebendigen Denkens sein würden; seine Farbenlehre wie seine Gedanken zur Metamorphose der Organismen waren ihm wichtiger fast als seine Dichtungen. Und so war ihm seit dem Ende der neunziger Jahre jedes Blatt, auch das geringste, das die Spuren seines Wirkens trug, als Beleg auch des eigenen Geistesgangs wichtig geworden. Er, der aus allem Reichtum der Natur und Kunst Wertvolles und Merkwürdiges zusammentrug, er sammelte mit gleicher Gewissenhaftigkeit die Dokumente der eigenen Tätigkeit. So findet sich denn Wichtiges neben scheinbar Unwichtigem — und eben aus solcher Lückenlosigkeit entsteht die Möglichkeit, in das Geheimnis geistiger Gestaltung sehen zu können. *Sehen* zu können, wie ein dichterisches Bild, eine naturerklärende Idee immer von neuem auftaucht, im Tagebuch als persönlichstes Erlebnis, in einem Brief objektiviert, in einer Abhandlung fundiert, in Dichtung zum Bild geballt. Auf zufälligem Zettel eilig hingeworfen, dem Schreiber diktiert oder selber im Schriftbild noch klassisch geformt. So sind denn da die kostbaren Manuskripte; zunächst die der Werke: Zusammengefaßtes in herrlichen Reinschriften sowie einzelnes, Studien, Entwürfe, Pläne auf Zetteln, Zettelchen, alten Briefumschlägen; was immer zur Hand gelegen hatte. Da ist die lange Reihe der Tagebücher, die uns gestattet, den äußeren Verlauf dieses tätigen Lebens von Tag zu Tag, ja von Stunde zu Stunde zu verfolgen. Da ist in Vierteljahresakten zusammengestellt die nach Tausenden zählende Masse der eingegangenen Briefe, das Wichtige und das Gleichgültige in buntem Wechsel, so wie es einst der Tag herangetragen hatte, die Huldigungsschreiben der Fremden und die Bettelbriefe, die Mitteilungen der Freunde und der Geschäftsleute. Und endlich die Konzepte von Goethes eigenen Briefen. Auch sie in Vierteljahresfaszikeln geordnet, überwältigend schon in ihrer Zahl: Wir kennen, die amtlichen Erlasse abgerechnet, mehr als 12 000 Briefe Goethes im Wortlaut. Unter ihnen die Briefe an Schiller, dieses Grundbuch klassischer Ästhetik, unter ihnen die Freundesbriefe an Zelter, unter ihnen die Tausende von Liebesblättern an Frau von Stein; kurz, all die wertvollen Papiere, auf denen Goethe einmal den unerschöpflichen Schatz seines Herzens und Geistes in der Wärme persönlicher Unmittelbarkeit ausgeschüttet hat. Wie wäre es möglich, auch nur halbwegs eine Vorstellung von dem Reichtum dieses Archivs zu geben! Papier ist es! Papier mit auf und ab schwellenden Schriftzeichen. Aber wenn man den Kopf beugt über solchem Papier, dann tritt daraus das Göttliche hervor, das einst darüber gewaltet hat und es zu Schaubarem gemacht hat. Nicht nur die pietätvolle Vorstellung, daß dieses gleiche Papier einst Goethe in seinen Fingern gehabt hat, daß er dies angeschaut hat, wird hier Gewinn, sondern das sinnfällige Erlebnis, daß man sich Goethesche Atmosphäre vergegenwärtigen, ja die eigene Person mit Goethes Person unmittelbar in Verbindung setzen kann an Hand dieses zurückgebliebenen Niederschlags seines geisterfüllten Lebens. Goethe selber wußte etwas von dieser hintergründigen Realität. Ein Blatt mit Schriftzügen Friedrichs des Großen bewahrte er in einem Umschlag, auf den er geschrieben hat: «Das Blatt wo seine Hand geruht.» Das war ihm also mehr als nur seltenes historisches Dokument, es bedeutete darüber hinaus intime Geistbegegnung.

Nun aber auch mit den Augen aufzunehmen, wie der Dichter etwa einen Vers gleich einer plastischen Figur mit seiner Schrift in den Raum der Seite hineingesetzt hat, vermittelt ein unmittelbares Verständnis für die Form eines Gedichts, über die man vielleicht mit dem Ohr hinweggehört hat. Durch das nicht immer mühelose Lesen des handgeschriebenen Textes vermag das einzelne entzifferte Wort mit seinem Klang, seiner Bildhaftigkeit, seinem rhythmischen Gefälle einen Sinn zu gewinnen, der zu vertiefter Erkenntnis der ganzen Dichtung führt.

Das Bild der Goetheschen Schrift, die mit ihren großzügigen, schwungvollen, lebhaften Zügen auf dem Papier Raum greift, verrät unendlich viel über eine Hauptleistung dieses Lebens, über die nämlich: leidenschaftlich Gefühltes, Gedachtes zu bändigen und in Geformtes zu verwandeln. Sieht man zum Beispiel jenen Abschiedsbrief an Kestner vom 10. September 1772, mit dem sich der junge Gerichtsassessor Goethe in plötzlichem Entschluß von der leidenschaftlich geliebten Braut des Freundes losgerissen hat: «Er ist fort, Kestner, wenn Sie diesen Zettel kriegen. Er ist fort. Nun bin ich allein», sieht dieses abgerissene, heiße Gestammel in ebenmäßig dahingehenden Zügen – so offenbart sich: bereits in dem Augenblick, wo es für den andern hingeschrieben wird, auf dem Weg vom Herzen zur Hand, ist Beherrschung erstrebt und im Gelingen. Unwillkürlich denkt man dabei an den Bericht in «Dichtung und Wahrheit», in dem Goethe erzählt, wie er als unreifer Student in Leipzig die unaufhörlichen Ermahnungen des Professors Gellert, sich einer sauberen, leserlichen Handschrift zu befleißigen, mit Überlegenheit belacht hat; und wie er dann in der langen erzwungenen Krankenruhe im Elternhaus das Geschmier der eigenen Briefe von Leipzig nach Hause mit ästhetischem und sittlichem Schrecken angesehen hat. An der Handschrift sehen wir zuerst ein Stück jener Haltung erprobt, um die Goethe lebenslang gerungen hat, damit das Feuer seines leidenschaftlichen Temperaments nicht zerstörerisch werde, sondern Schöpferkraft entzünde.

Welche fast übermenschliche Kraft, sich selbst objektiv zu werden, offenbart sich, wenn man sieht, daß das mit Tinte geschriebene Manuskript der «Italienischen Reise» von der Hand des alten Goethe selbst mit derben Rötelstrichen durchkorrigiert ist und daß also eben dasselbe Schriftstück, das einst aus Italien für die geliebte Frau niedergeschrieben worden ist, aus dem rein Persönlichen emporgehoben wurde, um irgendeinem Setzer übergeben zu werden, damit es zum Druck, zur Aussage, zur Mitteilung komme.

Einen Einblick unmittelbar in die Seele des Dichters gewährt auch die berühmte Stelle des Tagebuchs vom 6. Juni 1816, obwohl sie nicht einmal von Goethes eigener Hand stammt: der Eintrag vom Todestag seiner Frau. Wir wissen von dem behandelnden Arzt, daß wenige Tage zuvor Goethe fassungslos auf den Knien am Krankenlager Christianes geschrien hat: «Du kannst, du sollst mich nicht verlassen!» Und als nun wirklich das Ereignis eingetreten ist, das ihn der jahrelangen Hausgefährtin beraubt, da diktiert er dem Schreiber Kräuter jenen berühmten Bericht dieses Tages: «Gut geschlafen und viel besser. Nahes Ende meiner Frau. Letzter fürchterlicher Kampf ihrer Natur. Sie verschied gegen Mittag. Leere und Todtenstille in und außer mir. Ankunft und festlicher Einzug der Prinzessin Ida und Bernhards. Hofr. Meyer, Riemer, Abends brillante Illumination der Stadt. Meine Frau um 12 Nachts ins Leichenhaus. Ich den ganzen Tag im Bett.» Scheinbar unerschüttert reiht dieser Bericht den Einzug der Fürstlichkeiten und den Tod Christianes, gleichwertig Persönlichstes und Unpersönlichstes, nebeneinander. Das Manuskript lehrt es anders: Da ist, wo die Worte «Leere und» stehen, radiert. Es hat also etwas anderes dagestanden. Da ist das Wort «Todtenstille» verbessert aus dem ursprünglichen «Todtensitte». Goethe hat also vorher anders diktiert. Die Worte, sie haben gestockt, als sie von dem schmerzlichen Erlebnis des eigenen Inneren berichten sollen. Und das Nach-außen-Schauen, das Berichten der anderen Ereignisse des Tages erscheint nun wie ein mühsam errichtetes Geländer, an dem er sich entlanggeführt hat, um nicht dem chaotischen Strudel des Fühlens gänzlich ausgeliefert zu sein. Das Manuskript verrät die Anstrengung um Fassung, die das Druckbild nicht verraten kann.

Das sind Einsichten in das Menschentum Goethes, ebensolche Einsichten aber gewähren die Handschriften in das dichterische Schaffen. Goethe hat es uns selber gelehrt, wie ein Organismus, also auch eine Dichtung, lebendig betrachtet werden müsse. «Werdend betrachte sie nun» – an den Änderungen und Verbesserungen der Handschrift entfaltet die Dichtung ihr Wachstum vor unseren Augen. Die einzelnen Stufen der Entwicklung können sichtbar werden. Und sie allein zeigen, wie die Eingebung des Geistes, die zu Dichtung werden wollte, nun in irdische Form gebracht wird, wie der Gedanke stirbt, um als Wort aufzuerstehen. Und das bewirkt schöpferisch formende Hand. Da liegt etwa die Zeile aus dem Gespräch Helenas mit Faust: «Daß Glück und Schönheit dauerhaft sich nicht vereint» in nicht weniger als acht verschiedenen Fassungen vor – um nur ein Beispiel zu nennen; denn von den mehr als 12 000 Versen dieses gewaltigen Dramas sind Hunderte immer

wieder aufs neue versucht worden. Das berühmte Stirb-
und-Werde-Gedicht aus dem «Westöstlichen Diwan»
singt von dem lichtbegierigen Tod eines Schmetterlings.
Die fünf Strophen dieses Gedichts sind auf einer einzigen
Seite, und damit als Einheit klar überschaubar, von Goethes Hand niedergeschrieben worden und wirken wie
eine edle Kleinplastik. In der dritten Zeile der zweiten
Strophe aber ist eine Verbesserung. Da heißt es: «Überfällt dich neue Fühlung». Neue Fühlung, das ist die Wahr-
nehmung der Kerze, eines Neuen, mitten im nächtlichen
Liebesspiel. Und nun ist das Wort «neue» durchgestrichen
und darüber «fremde» gesetzt. «Überfällt dich fremde Fühlung» – und wenn man also sehen kann, daß statt «fremde»
zunächst «neue» dagestanden hat, dann erkennt man, wie
bedeutungsvoll das Wort «fremd» hier ist. *Neu*, das kann
von überall her aus bisher unbekanntem Bereich sein;
fremd, das ist der Anruf aus einer anderen Welt, der zu
dem irdischen Geschöpf gelangt und dem es sich irdi-
sches Leben zu opfern entschließt. Erst die Änderung in
der Handschrift zu sehen offenbart den tiefen Sinn eines
im Druck leicht überlesenen einzelnen Wortes. Vielleicht widerfährt einem einmal das Glück, das Manuskript des «Chorus mysticus» zu sehen – es befindet sich
leider nicht im Goethe- und Schiller-Archiv –, jenen
Schlußgesang aus dem Faust: «Alles Vergängliche ist nur
ein Gleichnis», mit dem die Geister Fausts Unsterbliches
in den Himmeln empfangen. Da zeigt es sich, daß zunächst die Überschrift «Chorus in excelsis» lautete, das
bedeutet: Chor in den Höhen. Dann hat der Achtzigjäh-
rige, ringend um die letzten Geheimnisse, das «in
excelsis» geändert in «mysticus», das heißt: zu den

Mysterien gehörig. «Chorus mysticus» — enger, genauer, spirltueller ist nun bezeichnet, woher diese Stimmen erschallen. Und niemand wird bezweifeln, daß diese Tatsache nicht wichtig, nicht lebenweckend ist.

Und dann enthüllen die Papiere dort oben im Archiv noch belebendes Geranke um Goethes Alltag. Da kann man an vielen Blättern, die einst an Frau von Stein gegangen sind, ein wabenähnliches Muster ins Papier eingedrückt sehen. Als der Zettel beschrieben war, hat Goethe ihn nämlich gerollt, dieses Röhrchen wechselseitig mit den Fingern zusammengeknifft und oben versiegelt. Nun konnte kein unberufenes Auge in das Bekenntnis intimer Zärtlichkeit hineinblicken. Oder da sind die kleinen Oktavseiten mit den Zierrändern, die sich Goethe eigens anfertigen ließ, um sie statt eines zeitraubenden großen Briefbogens zu verwenden. Nun schickt er etwa sieben solcher lieblich geschmückten Zettel mit innigem Geplauder und sehnsüchtigen Grüßen an die schmerzlich geliebte junge Ulrike von Levetzow. Wie an sich beredt schon allein diese Form! Aber da sind dann auch Weinbestellungen, die das ganze Honorar etwa für «Iphigenie» in Wein umsetzen: Goethe bestellt eigenhändig so und so viel Maß von dem «vortrefflichen» Elfer und streicht dann das «vortreffliche» durch, um dafür «köstlich» zu setzen, damit selbst hier das Wort genauestens erfaßt, «daß der Wein von Ewigkeit her sey».

Und um noch ein Letztes zu nennen: Da ist das «Stammbuch», das Goethe selbst 1825 dem siebenjährigen Enkel Walther zum Geburtstag geschenkt hat. Die Freunde des Hauses tragen sich zur Erinnerung mit Dichterworten auf den Blättern ein. Und da findet sich in dem querformatigen Oktavbüchlein ein Blatt, da hat mit hingehauchten Schriftzeichen die gefühlvolle Hofdame Emilie von Spiegel dem kleinen Jungen die gefühlvollen Verse des Dichters Jean Paul eingeschrieben: «Der Mensch hat dritthalb Minuten [dritthalb, das heißt: die dritte halb]: eine zu lächeln, eine zu seufzen, und eine halbe zu lieben, denn mitten in dieser Minute stirbt er.» Lächeln, seufzen, lieben? Voll Unmut liest's der Großvater, und mit energischen ausdrucksvollen Zügen setzt er seine eigene Meinung darunter: «Ihrer sechzig hat die Stunde, Ueber tausend hat der Tag. Söhnchen! werde dir die Kunde, Was man alles leisten mag!» Unter dem zarten Gewinde der Zeichen der Hofdame die lebensvolle, rhythmisch-vorschreitende, harmonisch-schnörkellose Handschrift Goethes! Allein aus den Schriftbildern vergegenwärtigt sich lebendige Gestalt des alten Goethe: der heroisch Tätige, der die Begnadung der Götter, die ihm geschenkt war, durch unermüdete Selbsterziehung sichtbar und wirksam gemacht hat. Da steigt, gerade im Gegensatz zu den Schriften ringsum, der Goethe auf, der, ganz einsam und eigentlich immer unverstanden, aus dem Rahmen des Üblichen herausragt, obwohl oder gerade weil er sich in den Rahmen des Üblichen einzufügen suchte, eben jener Goethe, der seine formende Kraft noch heute an unzähligem Einzelnen, selbst noch aus hinterlassenen Papieren, zu zeigen vermag.

Die Altenburg

oder
Das Haus am Rande der Straße
in die Welt

Als die Großherzogin Sophie von Sachsen-Weimar zur
Bewahrung und Nutzung des an sie übergegangenen
Goethe-Nachlasses einen eigenen schloßähnlichen Bau
hatte errichten lassen, schrieb Bettinas Schwiegersohn,
Herman Grimm, einen begeisterten Essay über das Goe-
the- und Schiller-Archiv: «Am anderen Ufer der Ilm,
dem Schloß gegenüber», so rühmt er, «da steht das Gebäude auf einem Abhang und bietet einen weiten Blick
über Schloß, Stadt und Park... Das Goethe- und Schiller-Archiv erhebt sich wie eine Zitadelle über der Stadt.
Mag Weimar auch noch so breit einmal das Tal ausfül-
len, immer werden Stille und Einsamkeit, die die Be-
schützerinnen geistiger Arbeit sind, hier walten...»
Herman Grimm hat sich in einem Punkt geirrt:
Heute, nur hundert Jahre später, braust ein unaufhörli-
cher Strom von Autos, Motorrädern und Lastwagen an
dem einst so abseits liegenden Haus vorbei. Und dennoch umgibt eine Atmosphäre von Abgeschiedenheit
und Stille den Bau. Man überschreitet vom Schloß aus
den Fluß, die Ilm − und ist auf einem anderen Ufer. Immer noch mit dem Haus darüber, dem Haus, das dem
Hügel den Namen gegeben hat: Die Altenburg.
Ein Gletschermeer soll in urgeschichtlicher Zeit das

weite Becken erfüllt haben, wo sich die Stadt Weimar und die Altenburg ausbreiten. Sanft wie Dünen aufsteigend, ziehen sich noch heute die Höhen rings um die Talebene herum, und die Schmelzwasser, zum Fluß der Ilm gesammelt, fließen von Süden nach Norden durch diese Landschaft. Ein langgestreckter Bergrücken erhebt sich auf dem rechten Ufer: Das Horn heißt er im Süden, und an seinem Fuß liegt Goethes Gartenhaus −, der Rothäuserberg heißt er in der Mitte − und die Altenburg im Norden. Die Landstraße nach Jena geht rechts um die Altenburg herum, die Straße nach dem Schlößchen Tiefurt links herum. Ein Übergang über die Ilm nach Jena, Apolda und weiter nach Osten, die Kegelbrücke, führt gerade auf den Hügel der Altenburg zu, während der Stadtkern mit Schloß und zwei Kirchen sich jenseits ausbreitet. Die Altenburg beherrscht gleichsam die Stadt. Woher der historische Flurname kommt, ist nicht bekannt.

In der Nacht vom 30. auf den 31. August 1781 hat Goethe auf dieser Höhe gestanden, sein Tagebuch verzeichnet es: «Conseil. mit ⊙ gegessen. Schöne Nacht. Auf der Altenburg.» ⊙ ist das Zeichen für Frau von Stein. Goethe, soeben 32 Jahre alt geworden, beladen mit Verwaltungsgeschäften, ist tief erfüllt von seiner Beziehung zu Frau von Stein. Fünf Tage zuvor hat er den Anfang seines «Tasso» der Herzogin Luise und der Freundin vorgelesen.

Im Frühling des Jahres 1802 belebt sich der abseits gelegene Platz: Arbeiter heben Baumlöcher aus dem steinigen Boden, und ununterbrochen karren Eselsgespanne vom jenseitigen Ettersberg her junge Fichtenbäumchen heran. Die Altenburg, der kahle Hügel, wird bepflanzt. Karl August versucht seinen alten Plan auszuführen, Weimar rings mit einer weiten Parklandschaft zu umgeben, so daß seine Residenz von Schloß Belvedere im Süden bis zum Schlößchen Tiefurt im Nordosten von einem zusammenhängenden Waldgelände umgeben wäre. Aber die Fichten wachsen schlecht an. Und als sich am 7. November 1804 die Zünfte und die Bürgerschaft mit Fahnen und Musik auf der Altenburg aufstellen, um den Einzug ihrer jungen Thronfolgerin, der Zarentochter Maria Pawlowna aus Rußland, zu begrüßen, werden auch noch viele der jungen Bäume achtlos umgetreten. Immerhin, von diesem Hügel hat die achtzehnjährige Prinzessin aus Rußland den ersten Blick auf ihre neue Heimat getan. «Wann sind wir denn endlich da?» hat sie gefragt, weil sie Weimar nur für ein Dorf hielt.

Zwei Jahre später dann, am 14. Oktober 1806, bebt der Boden des Bergs vom Donner schwerer Haubitzen. Die Schlacht von Jena ist geschlagen, und in Rückzugsgefechten immer neu besiegt, wälzt sich das geschlagene Heer der Preußen die Jenaer Chaussee hinunter. An der viel zu schmalen Kegelbrücke über der Ilm staut sich die chaotische Masse von Menschen, Pferden und Wagen. Über eine Stunde lang breitet sich ein Chaos von verzweifelt Fliehenden, Stürzenden, Sterbenden über der Altenburg aus. Dann ist alles, was irgend konnte, weiter nach Erfurt geflüchtet. Die siegreichen Franzosen rükken an. Napoleon hat ihnen Weimar zur Plünderung freigegeben. Von der Altenburg aus stürzen sie sich johlend auf die Stadt. Wenig später brennt die Gasse jenseits der Kegelbrücke, und dann überall Feuer und Jammergeschrei. In der Nacht biwakieren die be-

friedigten, bereicherten, betrunkenen Sieger an Riesen-
lagerfeuern auf dem Markt, vor den Kirchen und auf der
Altenburg. Es folgen Tod, Seuchen, Kriegskontribution,
Besatzung für die Stadt.

Im Jahr 1811 aber baut Karl Augusts Stallmeister
Friedrich von Seebach, der Nachfolger des Herrn von
Stein, trotz der schweren Zeit ein Haus zwischen die
spärlich angewachsenen Fichten. Er hatte schon im
Frühjahr 1806 den Hügel oberhalb Schloß und Stadt ge-
kauft, obwohl die Chaussee nach Jena über ihn führt,
und nun entschließt er sich trotz der französischen Besatzung, die noch lange dauern kann, zu bauen.

Da steht nun das Haus im klassischen Stil, betont
durch eine Dreigliederung von Fenstern, mit einem festlichen Saal in der Mitte, daneben ein niedrigeres Nebenhaus mit Stallungen, Wagenremisen und Stuben für die
Dienerschaft neben einem Durchgang zum Hof. Die
Front des Haupthauses ist nach Südwesten gerichtet mit
Blick auf die Stadt mit den drei Türmen; im Norden erhebt sich wie ein Abschluß der Ettersberg, auf dem
heute ein Mahnmal an das von den Nationalsozialisten
dort errichtete KZ Buchenwald erinnert.

Die Altenburg steht etwas abseits von der Chaussee
hinter einem Rosenrondell; rechts und links im Gelände
einige der unversehrt gebliebenen Fichten. Es ist ein
herrschaftlicher Bau, Raum beanspruchend und einsam.
Diese besondere Lage wird das Haus prägen für alle
Zeit: Sichtlich steht es zurück, sucht Ruhe und Abgeschlossenheit, und doch ist es nur wenige Schritte ent-
fernt von einer Straße, die mitten durch Europa führt.
Immer wieder wird es Zeuge, ja unmittelbar Teilnehmer

an der Geschichte sein, an Welthistorie wie an epochalen Kunstereignissen. In ihrem Zeichen werden die Menschen stehen, die darin wohnen.

Zunächst Friedrich von Seebach. Der Oberstallmeister, enger Gefährte von Karl August, Amtsgenosse von Goethe, ist ein Sonderling. Er ist in seiner Jugend in Frankreich bei der Kanonade von Valmy schwer verwundet worden und danach leidend geblieben. Er erträgt die Strapazen, die ihm der robuste Herzog zumutet, nicht leicht, und um wenigstens den lästigsten höfischen Pflichten zu entgehen, hat er sich das Haus am Rande der Stadt gebaut. Bei aller Treue zu seinem Herrn ist immer ein Schuß Aufsässigkeit gegen ihn im Spiel. Goethe weidet sich noch im Alter daran. Er erinnert sich, wie einmal beim Plumpsackspielen, als keiner der Höflinge es wagte, den herzoglichen Rücken mit dem geknoteten Taschentuch zu schlagen, Seebach auf seinen Herrn zugestürzt sei mit dem Rufe: «Schlagt doch zu!, so leicht wird es Euch nicht wieder, Euren Landesherrn prügeln zu dürfen!» – «Wahrhaft sublim und erhaben!» hat Goethe seiner Erzählung hinzugefügt und nochmals wiederholt «Sublim und erhaben!»

Dieser Herr von Seebach also zieht am 11. Oktober 1811 mit seiner Frau und drei kleinen Kindern in der Altenburg ein. Das eben fertige Haus auf dem kahlen Berg liegt des Nachts unter dem Schein eines großen Kometen, der zwei Monate lang über Deutschland sichtbar ist. Es ist, als ob sich damit dem Hause ein besonderes Schicksal anmeldete: denn am selben Tag wird in Raiding in Ungarn Franz Liszt geboren, der später für dieses Haus so bedeutend werden sollte.

Vorerst aber vollzieht sich eine historische Begeben-
heit: In Leipzig ist es im Oktober 1813 gelungen, Napoleon zu schlagen. In eiliger Flucht sucht die französische
Armee auf der alten Heerstraße von Merseburg aus zu ent-
kommen und befehlsgemäß auf dem Weg über den Ettersberg Weimar niederzubrennen. Seebach erkennt die Gefahr. Mit dem Gelände wie keiner vertraut, führt er Dra-
goner, Kosaken und Husaren hinter der Altenburg den
Hügel hinab, durch die Ilm wieder empor, überrumpelt
in plötzlichem Angriff die bereits mit brennenden Pech-
kränzen herankommenden Franzosen, so daß sie kopflos
fliehen. Weimar ist durch Seebachs Tat wieder frei.

Jahre vergehen. Dann wird der Berg der Altenburg
abermals Schauplatz des Geschehens. Der charakter-
volle Großherzog Karl August von Sachsen-Weimar ist
gestorben. Am Abend des 28. Juni 1828 erwartet Weimars Bevölkerung auf der Altenburg ihren toten Herrn.
Die Bürger stehen in doppelten Reihen von der Kegelbrücke die Jenaer Chaussee weit hinauf Spalier; schwei-
gend, zum Teil schwarz gekleidet. Am Kegeltor brennen
Pechpfannen. Gedämpfter Trommelwirbel von Nordosten: Der Trauerkondukt mit der Leiche Karl Augusts
fährt über die Altenburg hinab. Voran die Husaren,
dann das Jäger-Regiment, dann der achtspännige Wagen
mit dem Sarg, dahinter das nun reiterlose Lieblingspferd
und der leere Reisewagen. Nun der Wagen des Ober-
stallmeisters von Seebach, der an seinem Haus vorbei
seinen Herrn zum letzten Mal begleitet. Für ihn scheint
das Leben nun ohne Sinn. Doch er hat sich getäuscht; er
und seine Altenburg werden für die Welt in ungeahnter
Weise wichtig.

Aus Freiberg in Sachsen kommt 1835 der Obersteiger und Bohrmeister Carl Gotthelf Kind nach Weimar. Seine Idee ist es, man müsse die so notwendigen Brunnen auf weniger kostspielige Weise schaffen können, wenn man mit einem von ihm erfundenen hölzernen Bohrgestänge nur tief und lange genug bohre. Ein kurzer Gang aufwärts führt ihn auf die Altenburg. Er beobachtet, wie mühsam in Bütten das nötige Wasser für Haus und Ställe unten aus der Ilm heraufgeholt werden muß, und schlägt dem alten General einen Bohrversuch vor. Seebach, noch immer ein Draufgänger, willigt ein. Kind bohrt auf dem Hof der Altenburg tief in die Erde hinein und wahrhaftig: helles, klares Wasser sprudelt hervor — aber es versiegt nach kurzer Zeit wieder. Man dürfe nicht aufgeben, meint Kind, das Grundwasser in der Tiefe werde sich sammeln und dann stetig fließen. Und Seebach, der 1791 durch seine Tatkraft bei Valmy seine Soldaten vor dem Hungertod bewahrt hat, willigt ein, im Pumpen fortzufahren. Alle verfügbaren Männer auf der Altenburg pumpen unter Leitung von Kind nun acht Tage und acht Nächte lang weiter. Und wahrhaftig: am Morgen des neunten Tages fließt es wieder — ein sauberer Brunnen ist entstanden durch die bisher tiefste Bohrung Europas — auf der Altenburg in Weimar! Lange vergessen und doch auch das welthistorisch.

Im Frühling 1847, fünfzehn Jahre nach Goethes Tod, legt sich dann der Erbauer des Hauses auf der Altenburg zum Sterben. Seltsamerweise in der gleichen Zeit, zu der im heiligen Kiew der berühmte Klaviervirtuose Franz Liszt der russischen Fürstin Karoline von Sayn-Wittgenstein begegnet. Es ist, als habe Seebach sein

Haus frei gemacht für neue wichtige Begegnungen. Denn ein Jahr später verläßt die Fürstin Gatten und Güter, beantragt die Scheidung und flieht nach Deutschland, um mit Liszt zu leben. Liszt, der bereits seit sieben Jahren bei der kunstsinnigen Maria Pawlowna «Kapellmeister in außerordentlichen Diensten» in Weimar ist, hofft bei der Scheidungsangelegenheit auf die Vermittlung der Schwester des Zaren und siedelt sich in Weimar an. Im Juni 1848 zieht die Fürstin in das nun leer gewordene Haus auf der Altenburg. Nach Maria Pawlowna sieht nun abermals eine russische Frau von hier aus auf das kleine, ihr so fremde Weimar hinab. Wenige Monate später nimmt Liszt dann, entschlossen zu neuem Beginn, gleichfalls seinen Wohnsitz auf der Altenburg.

Fast symbolhaft aber wählt er sich sein eigenes Arbeitszimmer in einem kleinen Kabinett im Hinterhaus, den Blick auf den einsamen Waldgarten gerichtet, in dem dunkel einige der gezackten Fichten stehen, mit denen einst Karl August die Altenburg zu bewalden gesucht hatte. Hier wandelt sich der selbstbewußte Virtuose, der, in phantastischer Kleidung auftretend, trinkend, rauchend, liebend durch die Welt gefahren war, in den selbstlosen, sich für andere Menschen und für neue Ideen einsetzenden Künstler, der bemüht ist, in Weimar, in der Altenburg, ein Zentrum zu schaffen, wo alle Künste gleichermaßen zur Geltung kommen könnten. Er wurde geboren, als das Haus unter dem Schein des Kometen eingeweiht wurde, nun verbringt er vierzehn Jahre, die entscheidenden Jahre seines Lebens, darin. Das Haus auf dem anderen Ufer Weimars wird durch ihn und die Fürstin ein kultureller Mittelpunkt in

Deutschland. Nicht ohne Grund führt die Straße von Osten nach Westen, von Westen nach Osten unmittelbar über die Altenburg.

Was einen Namen hat in der Welt des Geistes, das steigt in diesen Jahren die fünf Steinstufen zu der schmalen Haustür des einsamen Hauses über Weimar empor. Allen voran die Musiker: Richard Wagner, Hector Berlioz, Anton Rubinstein, Bedřich Smetana, Johannes Brahms, Clara Schumann, Peter Cornelius und Hans von Bülow, Joseph Joachim und Eduard Lassen; dann die Maler: Moritz von Schwind, Wilhelm von Kaulbach, Friedrich Preller, Luise Seidler, Genelli; die Dichter: Friedrich Hebbel, Karl Gutzkow, Gustav Freytag und Hoffmann von Fallersleben; die Theaterleute: Marie Seebach und Otto Devrient, Anton Genast, Franz von Dingelstedt und die Mildes; die Wissenschaftler: Varnhagen von Ense, George Lewes, Carl Gustav Carus und Herman Grimm; bedeutende Frauen: Bettina von Arnim, Fanny Lewald, George Eliot und Cosima; und die Erben eines großen Namens: Wie einst ihre Großväter bei Seebach, so gehen nun Großherzog Karl Alexander und Walther von Goethe bei Liszt aus und ein. In ihrer aller Lebensbericht spielt die Altenburg eine wichtige Rolle.

Einer der ersten Gäste der Altenburg ist Richard Wagner gewesen. Als er aus den Dresdener Revolutionswirren fliehen muß, fällt ihm keine andere Zuflucht ein als Liszt in Weimar. Im Saal der Altenburg entwickelt er der Fürstin, noch in tiefster Erregung über die soeben erlebten Ereignisse, die Pläne zu einem Musikdrama «Jesus von Nazareth». Die Bewohner der Altenburg verhelfen ihm, als die Polizei ihn mit Steckbrief sucht, zur Flucht nach Paris, die Fürstin beschafft Geld, falschen Paß und erstes Versteck bei einem Pfarrer in Magdala. Und wenn der Verbannte in der Fremde an die Heimat denkt, so ist es Weimar, und er träumt, daß neben der Altenburg ein Theater stünde allein für sein Werk. Und als er heimkehren darf, ist sein erster Weg in Deutschland der auf die Altenburg.

Auch für den Dramatiker Hebbel wird die Altenburg zum Wendepunkt. Er hat den ersten Teil seiner Nibelungendichtung in der Tasche, als er an die Türe des alten Hauses klopft. Viele Wege der Mißerfolge und der Schuld ist der Wesselburener Maurersohn vorher gegangen, ehe er hier, am 22. Juni 1858, ungeschmälerte Anerkennung und Hilfe für sein Werk findet. Im Jahre 1861 bringt das kleine Weimar jene Dichtung zur Aufführung, die er bei dem ersten Besuch im Manuskript bei sich getragen und die selbst der Burgtheaterdirektor Heinrich Laube in Wien als unaufführbar abgelehnt hatte. In dem gleichen Eckzimmer, in dem ein halbes Jahr später Richard Wagner wieder auf deutsche Heimat herunterblickt, sitzt Hebbel Stunde um Stunde und schreibt für das Weimarer Theater den dritten Teil seiner «Nibelungen» zur Aufführung ab, jene Tragödie, die mit den Worten schließt: «Im Namen dessen, der am Kreuz verblich!»

Gustav Freytag trägt, während er in der Altenburg ein und aus geht, in Herz und Hirn die Gestalten seines Romans «Soll und Haben», eines der ersten Romane, der sich mit der Welt der Arbeit befaßt; Bettina von Arnim, die sich viele Monate mit ihren Töchtern und dem zukünftigen Schwiegersohn Herman Grimm in Weimar niederläßt, um der Altenburg nahe zu sein, schreibt in jener Zeit ihre neuen sozialpolitischen Ideen nieder für das Buch «Gespräche mit Dämonen». Hector Berlioz erhält von der Fürstin Thema und Plan zu seiner Oper «Die Trojanerinnen», Peter Cornelius komponiert unter dem Dach der Altenburg seine Oper «Der Barbier von Bagdad», Carl Gustav Carus arbeitet an seinem Werk «Goethe für die jetzige und die zukünftige Zeit». Idee um Idee kristallisiert sich an diesem Ort.

Und die beiden Menschen, die all diese Geschehnisse magnetisch in das Haus hineinziehen, vertiefen und wieder ausstrahlen lassen? Die Fürstin, eine Polin, mit einem russischen Fürsten verheiratet, vor deren Schlafzimmer einst allnächtlich zwei Leibeigene Wache gehalten hatten, war in dem kleinen Weimar verfemt. Unaufhörlich geht böswilliger Klatsch über sie, Liszt und die Altenburg durch die Stadt. Rußland verbannt sie und zieht ihr Vermögen ein. Die katholische Kirche, deren treue Tochter sie ist, verweigert die Scheidung. Es gelang der Fürstin Wittgenstein nicht, Madame Liszt zu heißen. 1860 ging sie nach Rom, um dort resignierend als religiöse katholische Schriftstellerin ihr Leben zu Ende zu bringen.

Und Liszt? Er, der berühmte Mann Europas, in dem Haus des Sonderlings Seebach über Weimar, im «Blauen Zimmer», einer ehemaligen Bedientenstube im Hinterhaus, versucht, im Sinne Goethes, aus Weimar einen Ort schöpferischen Lebens für ganz Europa zu schaffen, wo alle Künste vereint zur Wirkung kommen: Dichtung und Musik, Malerei und Architektur. – Aber die Altenburg steht auf unfruchtbarem Boden; eine große Idee erlischt. Zwar ist von der Altenburg aus durch seine Initiative die Musik Wagners, Schumanns, Berlioz' um die Welt gegangen, und eigene bedeutende Werke entstehen: zwölf große Symphonien und symphonische Dichtungen, zwei Klaviersonaten, die Ungarischen Rhapsodien, die «Graner Messe», die Psalmenkompositionen. Auf der Altenburg wurden die Oratorien «Heilige Elisabeth» und «Christus» begonnen. Zwölf Jahre lang macht der Ungar, der in Paris von Paganini gelernt hat, die Altenburg zu einem geistigen Zentrum Europas. Im Jahr 1861 verläßt auch er sie.

Sieben Jahre lang steht das Haus auf der Altenburg leer. Im Jahr 1868 zieht der Kommandeur des in Weimar neu stationierten sachsen-weimarischen Regiments der «Vierundneunziger» mit Frau und drei kleinen Kindern in das repräsentative Haus ein: Oberst von Bessel. Statt neuer Musik klingen nun zu Festtagen Ständchen mit zackigen Militärmärschen vom Rasen vor dem Haus. Als am 31. Juli 1870 der Deutsch-Französische Krieg ausbricht, rückt Oberst von Bessel mit den Vierundneunzigern aus. Am 1. September bereits wird er, da er den müden Soldaten in den schattenlosen Weinbergen in Vrigne aux Bois bei einer Reiterattacke voranstürmt, schwer verwundet und stirbt wenige Wochen später, am 5. Oktober 1870. Auf der Altenburg weht eine Fahne auf Halbmast, während man in der Stadt laut den Sieg bei Sedan feiert.

Im Jahre 1886 stirbt Walther von Goethe, der letzte Goetheenkel, der Goethes Häuser und Liegenschaften dem Staat vermacht und Goethes sämtliche Manuskripte der Großherzogin Sophie persönlich in die Hände legt. Die stolze Erbin, eine Holländerin mit Weitblick, Vermögen und sozialer Tatkraft, baut einen hellen Steinpalast über diese kostbaren Papiere: das Goethe- und Schiller-Archiv – denn bald haben sich in der Anziehungskraft des Geistes die Handschriften Schillers und anderer Dichter zu Goethes Nachlaß hinzugefunden. Keinen besseren Ort für dieses wichtige Kulturhaus weiß die Fürstin als den einsamen Hügel über der Stadt unterhalb des Hauses von Seebach. Und so liegt nun jenes Tagebuch, das Goethes Nacht am 31. August 1781 auf der Altenburg in seiner Hand verzeichnet, ebenso wie die Handschrift des «West-östlichen Divan» wohlverwahrt auf diesem schicksalsschwangeren Berg zusammen mit Liszts umfangreichem genialem Nachlaß und jenem «Nibelungen»-Manuskript, das Friedrich Hebbel einst im Ecksalon der ersten Etage des alten Hauses niedergeschrieben hat.

Das Goethe- und Schiller-Archiv wird im Juni 1896 eingeweiht. Unter den jungen Mitarbeitern, die überwachen, daß die wertvollen Handschriften aus dem Schloß, wo sie bis dahin verwahrt wurden, über die Kegelbrücke zur Altenburg hinaufgetragen und in den hellen Sälen des Archivs eingeordnet werden, sind Julius Wahle und Rudolf Steiner. Der eine konnte noch 1939 auf dem Jüdischen Friedhof in Leipzig seine letzte Ruhestätte finden, der andere war bereits 1897 mit ganz eigenen, fruchtbaren, aber umstrittenen Ideen nach Berlin und weiter in die Schweiz gegangen, um dort, bauend auf Goetheschem Geist, die alle Gebiete des Lebens umfassende Bewegung der Anthroposophie zu begründen.

Einer der Militärs, die sich nach Liszts Weggang, rasch wechselnd, in der Altenburg niederlassen, ist 1897 Oberst Julius von Groß, genannt von Schwarzhoff. Zunächst sieht alles nach einer Bilderbuchkarriere aus. Als Zwanzigjähriger hatte er bei Vrigne aux Bois mitgekämpft, dann war er zwei Jahre lang bis 1887 Militärattaché in Paris gewesen, hatte 1899 in Den Haag als Militärbevollmächtigter auf der Friedenskonferenz fungiert. Der hochgebildete, dabei kaisertreue Mann, der fließend Französisch, Englisch und Italienisch sprach, war Junggeselle geblieben, sein Hauptinteresse gehörte der Kunst. Und so wurde der Saal der Altenburg, in dem einst die Biedermeiermöbel Seebachs gestanden hatten und der dann mit Samtportieren und Eisbärfellen der russischen Fürstin ausgestattet war, nun mit echten Renaissancesesseln und -tischen aus der Schweiz und orientalischen Teppichen geschmückt. Nun werden wieder Feste in der Mitte des Hauses veranstaltet, zu denen außer dem Hof die Hautevolee der Stadt geladen ist und wo immer noch wie bei Liszt französisch parliert wird. Es wird türkischer Kaffee gereicht und über Kunst geplaudert. Da erhebt die Weltgeschichte abermals ihre fordernde Stimme. Als sich in China Bauern und Stadtarme in einem großen Volksaufstand gegen die ausländische Unterdrückung erheben, werden Truppenkontingente von acht imperialistischen Ländern unter dem Oberbefehl des deutschen Feldmarschalls Waldersee eingeschifft, um den sogenannten Boxeraufstand niederzuwerfen. Die berüchtigte «Hunnenrede» Kaiser Wilhelms II. bei der Verabschiedung des deutschen Expeditionskorps schärfte den Soldaten ein rücksichtsloses Vorgehen gegen die chinesische Bevölkerung ein. Auf Weisung von Berlin war von Sachsen-Weimar der Oberst von Groß zum Kommandeur einer Infanteriebrigade ernannt worden. In Nordchina gelandet, nehmen von Groß und seine Leute den Auftrag zunächst nicht allzu ernst; sie genießen das exotische Kolorit und quartieren sich unbesonnen in Peking im Winterpalais ein. Briefe gehen aus dem Fernen Osten nach der Altenburg. Aber die Aufständischen leisten den ausländischen Truppen erbittert Widerstand. Als sie eines Nachts Feuer an ihr geschändetes Heiligtum legen, findet Oberst von Groß mit mehreren Offizieren am 17. April 1901 den Tod. Die Altenburg steht nun wieder leer.

Das obere Stockwerk, wo einst Seebachs drei Kinder spielten und dann Liszt seine berühmten Matineen gab, wird noch vom Finanzverwalter des großherzoglichen Hauses bewohnt, dem Freiherrn von Fritsch, und danach dem Herrn von Beaulieu und Marconnay, die allein schon mit ihren Namen die alte Zeit im Hause wachhalten. Und im Nebenhaus, wo einst Hans von Bülow, Peter Cornelius und andere Schüler hausten und über die Mauer klettern mußten, um in dem damals schon langsam verfallenden Haus Eingang zu finden, wird eine «Presse» untergebracht, das heißt eine Internatsschule, in der in strenger Zucht nachlässigen Schülern zum Examen des «Einjährigen» verholfen wurde. Schließlich zieht im Jahr 1901 der Direktor des Goethe- und Schiller-Archivs, Professor Dr. Bernhard Suphan, mit seinen zwei Söhnen im Erdgeschoß ein und macht so das Haus zu einem Mittelpunkt der Goethe-

Philologie. Fast alle jene Männer, die sich bemühen, das auf einmal sichtbar gewordene Erbe, das voller Reichtum, aber auch voller Widerspruch und voller Rätsel ist, zu verwalten und fruchtbar zu machen, gehen nun in der Altenburg ein und aus, um sich in persönlichem Gespräch auszutauschen. Da ist Max Morris, der Berliner Armenarzt; er ist der erste, der mit einer umfangreichen Dokumentensammlung den *jungen* Goethe in den Mittelpunkt seiner Forschung stellt und statt dem Olympier den feurigen Jüngling zu Worte kommen läßt. Da ist Flodoard von Biedermann, der den vielen überlieferten Gesprächen Goethes seine Aufmerksamkeit schenkt. Hans Gerhard Gräf holt sich Rat zu seinem gewaltigen philologischen Werk: «Goethe über seine Dichtungen», und auch der junge Kölner Max Hecker verkehrt hier, der das Buch der Lebensweisheit «Die Maximen und Reflexionen» sinnvoll nach Zeit und Intentionen Goethes zusammenstellt und dessen unausgeführte Idee zu einem Weltallroman entdeckt. Da sind Erich Schmidt und der Verleger Anton Kippenberg. Sie entwickeln zusammen mit Suphan den großartigen Plan, in sechs wesentlichen Bänden einen billigen «Volks-Goethe» herauszubringen. Es ist ein Leben voll von Plänen, aber auch von Verantwortung, denn das nun öffentlich gewordene Erbe ruft die nicht zu überhörende Meinung vieler hervor.

Band um Band fügt sich zu der Reihe der Bände der Sophienausgabe. Suphan aber ist der gewaltigen, immer mehr in die Öffentlichkeit strebenden Arbeit nicht mehr gewachsen; er reicht Ende 1910 sein Entlassungsgesuch ein, und auf die Frage der Freunde, was der noch nicht alte Mann vorhabe, antwortet er vieldeutig: «Man wird sehen.» Er ist bereit zu seinem Tod, und er führt ihn selber herbei.

Wieder aber gewinnt das Leben im Haus neue Ausstrahlung: Im Jahr 1908 zieht Arnold Paulssen in den ersten Stock. Er ist führend im weimarischen Justizdienst tätig, aber zugleich überzeugter Demokrat und wird nun Chef des Departements des Äußeren und Inneren in Weimar. Und wieder wirkt die wichtige liberale Stellung des Bewohners bis hinunter in Stadt und Staat. Es ist nicht mehr der Adel, der tonangebend ist, sondern die Jugend eines neuen bürgerlichen Deutschland, die zwar interessiert ist an Kunst, aber nun auch Karl Marx diskutiert und Partei nimmt. Es ist Paulssen, der nach der Revolution 1919 Ministerpräsident des Landes Thüringen wird.

Längst steht das Haus, das Seebach so bewußt solitär zwischen die wenigen jungen Fichten gebaut hat, nicht mehr einsam auf dem Berg der Altenburg. Die Stadt hat sich vergrößert und weithin nach Osten über das andere Ufer der Ilm hin ausgedehnt. Ein ganzer Stadtteil erstreckt sich nun auf der Höhe entlang der Jenaer Chaussee. Das Haus steht immer noch ein wenig zurück — aber es fängt die Ereignisse der Geschichte auf. Leid und Freud schlagen ihre Wellen in das Haus.

Im Jahre 1914 marschieren die endlosen Kolonnen jubelnder Soldaten von der Kaserne auf der Höhe an dem Hause vorüber zum Bahnhof. Sie singen «Deutschland, Deutschland über alles» und «Die Wacht am Rhein». Sie tragen Blumen an den Helmen und Gewehrläufen. Doch immer öfter gehen in den folgenden Jahren schwarzgekleidete Frauen die Straße hinunter in die Stadt. Und ab und zu im Morgendämmer klappen die Hufe von Pferden am Haus vorbei: die letzten requirierten Tiere aus den Dörfern – ein stiller endloser Zug in den Tod. Die Männer, die 1918 zurückkehren, sind mager, ihre Uniformen schlottern um sie, die Schulterstücke oftmals abgerissen, Gesichter mit einem unnennbaren Ausdruck, Gesichter, die das Lachen verlernt haben.

Im Jahre 1919 wurde Weimar Tagungsort der Nationalversammlung. Der Redakteur der Hauptbericht erstattenden Zeitung, Hermann von Stegmann, wohnt im Erdgeschoß unter Liszts blauem Zimmer und berichtet unermüdlich der Öffentlichkeit von den Diskussionen um eine demokratische Verfassung.

Doch dann gehört das Haus wieder Goethe. Die neue Zeit hat sich gelöst vom großherzoglichen Haus und alle Kulturstätten zum Besitz des Volkes gemacht. Ein Direktor wird über sämtliche Goethestätten gesetzt: der junge Germanist Hans Wahl. Seit 1931 ist er es, der den ersten Stock der Altenburg mit Leben füllt, wenige Jahre später zieht dann Max Hecker in die Parterrewohnung, in der einst Suphan lebte und starb. Nun steht wieder als Kostbarkeit deutschen Geistes die nun vollständige Reihe der 143 Bände der Sophienausgabe an der Wand, und ein um die Historie des Hauses Wissender schaut durch die Glastür hinaus auf die Wiese, auf der noch drei mächtige Fichten stehen, die Karl August einst hier gepflanzt. In dem Saal, in dem Goethe, von Rhein und Main zurückkehrend, bei Seebach gesessen hat und wo bei Liszt Wagners «Tannhäuser» erklungen ist, gehen Männer wie Julius Petersen, Ernst Beutler, Anton Kippenberg und viele andere aus und ein, und da sitzt der Architekt Heinrich Tessenow und später Walter Voigt mit Hans Wahl über den Plänen eines «Goethe-National-museums», eines Museumsbaus, der durch anschaubare Dokumente Goethes Bedeutung sichtbar machen soll. Das Jahr 1932, das mit großem Aufgebot Goethe feiert, ist das letzte große Jubelfest, denn dann zieht der Nationalsozialismus seine Fahnen mit den schwarzen Unheilszeichen über Deutschland auf. 1937 errichten die Faschisten auf dem Ettersberg das KZ Buchenwald.

Gegenüber der Altenburg wird an dem einst waldigen Hang, an dem 1806 ein Franzose sein Grab fand, Seebach einen Denkstein für seine tote Frau errichtete, über den Liszt unzählige Male hinunter in die Stadt ging, ein militärisches Verwaltungsgebäude errichtet.

Abermals klappen im Marschtritt Füße über die Chaussee, aber die Soldaten, die in den zweiten Weltkrieg ziehen, jubeln nicht mehr! Sieben junge Männer aus der Altenburg sind dabei, nur zwei davon werden zurückkehren. Am 9. März 1945 fällt bei einem Fliegerangriff auf Weimar eine Bombe in den Hof der Altenburg. Der Kalk rieselt von dem alten Haus wie einst 1806, und der Stein für den treuen Hund Bellotte stürzt um. Dann in der Nacht zum 12. April 1945 sind die amerikanischen Truppen fast bis Weimar vorgerückt, Verbände der Wehrmacht sprengen die Kegelbrücke und halten den Ilmübergang unter Beschuß. Das alte Haus wird mehrmals getroffen: Fensterscheiben splittern, Möbel stürzen um, Schüsse zerfetzen die alten Bäume im Gelände. In der Sonne des nächsten Morgens rollen amerikanische Panzer unangefochten die Jenaer

Chaussee hinauf. Junge, gesunde, wohlgenährte Soldaten in tadelloser Ausrüstung stehen triumphierend über ihren Geschützen. Am 2. Juli räumen sie Thüringen wieder, und unter einem graubewölkten Mittagshimmel zieht am 3. Juli in endlosen Kolonnen die Rote Armee in Weimar ein: kleine, struppige Pferde, mit Dreieckskumpten über nickenden Köpfen vor knarrenden Panjewagen zwischen Geschützen, daneben marschierende Soldaten und Offiziere — ein Heer, das heldenmutig seine Heimat verteidigt und gemeinsam mit den Alliierten Europa vom Faschismus befreit hat. Es ist die gleiche Straße, die einst Maria Pawlowna gekommen war, auf der 1813 der Hetman Geismar mit seinen Kosaken den geschlagenen Napoleon verfolgte.

Nun kommen für Weimar schwere Nachkriegsjahre. Die Sieger besetzen die Altenburg und die Kasernen gegenüber. Der greise Max Hecker darf in der Parterrewohnung, die er seit 1936 bewohnt, bleiben, weil dem russischen Oberst, der das Haus besichtigt, beeindruckt von der alten würdigen Gestalt zwischen den hohen Bücherregalen, der Name Goethes vertraut ist und er sich veranlaßt sieht, deutsche Kultur zu schützen. In dem nun leeren Festsaal aber werden für eine Zeit die auf den Mann dressierten Wolfshunde aus dem befreiten Konzentrationslager Buchenwald untergebracht. Sie jagen des Abends durch den alten historischen Garten und springen zähnefletschend gegen die Glastür, wenn sich nur der Schatten eines Menschen dahinter zeigt.

Als die Herbststürme kommen, fallen eines Nachts die drei letzten großen Fichten, weil Granaten ihre Stämme zerfetzt haben. Sie liegen lange quer über dem

Rasen. Im Winter wird die Altenburg wieder geräumt und Menschen, die durch die Kriegswirren ihre Heimat verlassen mußten, finden ein erstes Asyl in der Altenburg. In dem Haus, für eine einzige Familie erbaut, drängen sich dreizehn Familien. Der große Saal wird durch zwei Wände unterteilt und notdürftig mit einer Wasserleitung versehen. Später zieht eine ältere Frau dort ein: sie ist dunkelhaarig und in der Statur der Fürstin von Wittgenstein ähnlich. Sie stattet einen Teil des Saals mit weißen Fellen und roten Samtvorhängen aus und liest, viel besucht, aus den Karten Schicksal.

Das Divisonsgebäude dem Wohnhaus gegenüber bleibt besetzt. Allabendlich tönt das Programm des Moskauer Senders über Stadt und Altenburg hinweg, und eines Abends klingt, ein wenig verzerrt durch die Lautstärke, die zweite Ungarische Rhapsodie über das alte Haus hin, in dem sie einst auf dem Beethovenschen Flügel unter Liszts Händen zum ersten Mal erklungen ist. Und man spürt einen Hauch des Bleibenden, des Besonderen, das durch alle wechselnde Zeit von Berg und Haus ausgeht.

BRUNO BRANDL

«*Und alles ist Frucht!*
Und alles ist Samen!»

«Unser Leben währet siebenzig Jahr und wenns hoch
kommt, so sind's achtzig Jahr, und wenn's köstlich gewesen ist, so ist's Mühe und Arbeit gewesen.»

Wenn der Satz nicht schon in den Psalmen des «Alten
Testaments» stünde und nicht schon vor 450 Jahren in
der kraftvoll-würzigen Sprache Martin Luthers auf uns
gekommen wäre, könnte er auch von Goethe sein; auf
jeden Fall entspräche er ganz seinen Lebensmaximen.

Am 13. Oktober 1989 begeht Jutta Hecker in der Altenburg zu Häupten der Stadt Weimar ihren 85. Geburtstag und überschreitet damit die obere Lebens-
grenze, die der Psalmudist bei seinem Sinnspruch in
Erwägung zog, bereits um eine kleine Wegstrecke. Und
alle, die die Lebensbahn der «großen alten Dame» der
historisch-belletristischen Literatur kreuzten und Augen-
zeuge, vielleicht sogar Helfer bei der Entstehung ihrer
Bücher wurden, wünschen ihr noch so manches zusätzli-
che Lichtlein auf ihrer Lebenspyramide und so manche
weitere Auflage ihrer Bücher – zur Freude ihrer zahlreichen Lesergemeinde.

Ob es köstlich gewesen ist, muß jeder Jubilar selbst
mit sich ausmachen, Mühe und Arbeit ist es bei Jutta
Hecker allemal gewesen, auch Sorge und Leid, denn das

Leben ihrer Generation wurde ja von zwei Weltkriegen und den Jahren der großen Krise in Deutschland, Inflation, Wirtschaftsdepression und faschistischer Diktatur überschattet. Und das Dasein eines Germanisten selbst vom Gelehrtenrang eines Max Hecker war dazumal nicht auf Rosen gebettet. Wenn sich die Autorin in den vergangenen vierzig Jahren der verantwortungsvollen und doch wohl auch vergnüglichen Beschäftigung mit der klassischen deutschen Literaturepoche hingeben konnte, verdankt sie dies in hohem Maße ihrer Schwester Irmgard Hecker, die als Dienerin am gemeinsamen Werk in der Altenburg in einer Art wirkte, die an die ideale Lebenseinstellung im Hause der «Märchenbrüder» Grimm im neunzehnten Jahrhundert erinnert. Und deshalb sei ihrer auch an diesem Tage in Dankbarkeit gedacht!

Von künstlerischer Sorgfalt und sprachlicher Akribie der Autorin zeugt das belletristische Gesamtwerk, das wenig mehr als 2 000 Druckseiten umfaßt. Welch reiche poetische Ausblicke in klassische Literaturgefilde gewährt es dem, der sich dieser kundigen Hand anvertraut. In der «Altenburg», im «Wieland», im Schiller-Roman «Lied an die Freude», im Winckelmann-Roman «Traum der ewigen Schönheit», in der «Corona», in der Eckermann-Erzählung wird Literaturgeschichte für einen großen Leserkreis zur Faszination. Und wenn wir zu ergründen suchen, worin das Geheimnis der Resonanz der Bücher dieser Autorin beruht, müssen wir, neben der erstaunlichen Beherrschung des Faktenmaterials, auf ihre besondere Fähigkeit verweisen, Historisches in Menschliches zu verwandeln, Vergangenheit in der Gegenwart aufleuchten zu lassen und den Leser zum Augenzeugen des Geschehens zu machen, ohne dabei nostalgische Nebel zu erzeugen oder gewaltsam zu aktualisieren. Dabei gewährt die Tochter Professor Max Heckers durchaus keinen geistigen Preisnachlaß, sie stellt hohe Ansprüche an die Leser ihrer Bücher.

Die Autorin hat sich mehrfach auf ein Zitat des Aristoteles berufen: «Die künstlerische Darstellung der Geschichte ist wissenschaftlicher und ernsthafter als die exakte Geschichtsschreibung. Die Dichtkunst nämlich geht auf Kern und Wesen, während der exakte Bericht nur Einzelheiten aneinanderreiht.» Der zweite Teil der Schlußfolgerung ist gewiß anfechtbar. Eine Geschichtsschreibung, die nur Fakten aneinanderreiht, ist das Papier nicht wert, das sie für den Druck benötigt, außerdem widerlegen gerade die großen griechischen Geschichtsschreiber eine vulgäre Auslegung dieses Satzes glänzend. Aber der Hinweis auf den eigenständigen Wert der *künstlerischen* gegenüber der *wissenschaftlichen* Aneignung des Erbes ist zweifellos wichtig, und Lion Feuchtwanger hat das in seinen theoretischen Äußerungen über den historischen Roman ja ähnlich, nur sehr viel radikaler, verkündet. Jutta Heckers sorgsam gearbeitetes Lebenswerk ist der schönste Beweis für die gleichberechtigte und gleichverpflichtete Stellung von Wissenschaft *und* Kunst, ja, für die Möglichkeit einer Synthese beider, bewiesen am Beispiel eines großen Gegenstandes unserer Nationalkultur.

So wird es kaum einem Menschen einfallen, zugespitzt ausgedrückt, Max Hecker und Jutta Hecker gegeneinander auszuspielen, wobei natürlich der Schriftsteller, zumal in einer lesefreundlichen Gesellschaft wie der unsern, einen unvergleichlich größeren Kreis erreichen kann. Und diese Chance hat Jutta Hecker genutzt. Aber sie konnte nur so leicht, so graziös, so charmant über eine ganze Literaturepoche schreiben, weil sie von Kindheit an mit dieser Welt der Weimarer Klassik auf du und du stand, bis in alle historischen, biographischen, ästhetischen und philologischen Details hinein. So vermag sie ein großes Kulturpanorama vor unseren Augen zu enthüllen mit Gestalten wie Wieland und Schiller, Winckelmann, dem armen Schuhmachersohn aus Stendal, und der Herzogin Anna Amalie, Karl August und Luise, Franz Liszt und Paganini, Seebach und der Frau von Stein und auch jenen, die im Schatten der Großen standen: Eckermann, Corona Schröter und der Bildhauer Karl Gottlieb Weisser. Und Goethe und immer wieder Goethe, die Sonne, um die sich alles dreht!

Es dürfte nur wenige Autoren der Gegenwart geben, in deren Werk die Gestalt dieses Dichters von den Leipziger Studentenjahren bis zur Einsamkeit des Alters so menschlich nachgezeichnet worden ist, ohne ihn auf marmorne Sockel zu stellen oder auch von Sockeln zu stürzen.

Das Erfreuliche ist, daß Jutta Hecker eine solche Stoffülle auf schmalem Raum zu bewältigen versteht. Diese Fähigkeit zur Konzentration weiß ein Verlag zu schätzen, der sich seit vierzig Jahren aus kulturpolitischer Überzeugung der Pflege des historischen Romans widmet. Im Unterschied zu den anderen Autoren auf diesem Gebiet meidet sie erfundene Figuren und literarische Fiktionen, ohne deshalb auf poetische Wirkung verzichten zu müssen. Die klassischen Texte werden von ihr so nahtlos in die Darstellung eingeschmolzen, daß nirgends der Eindruck des Zitierens entsteht. Der Lektor läuft dabei Gefahr, wenn er einmal doch eine sprachliche Unzulänglichkeit beseitigt sehen möchte, von der Autorin diskret, doch mit einem unüberhörbaren Ton des Erstaunens, darauf hingewiesen zu werden, daß es sich bei der beanstandeten Stelle um einen authentischen Text des großen Meisters handelt.

Daß jedes der Bücher Jutta Heckers eine Liebeserklärung an Weimar darstellt, braucht gewiß nicht näher begründet zu werden. Aber es handelt sich dabei ganz und gar nicht um «Regionalliteratur» im Sinne lokaler Beschaulichkeit oder gar unkritischer provinzialistischer Enge. Am Schluß der Erzählung «Ich erinnere mich», in der der Maler Karl Eckermann, der Sohn von Goethes vertrautem Gesprächspartner und Chronisten, nach mehr als drei Jahrzehnten aus Hannover in die Stadt seiner Kindheit zurückkehrt — insgesamt kommt dabei eine bittere Einschätzung der Weimarer Realität zustande —, steht der beziehungsreiche Satz: «Komm, sagt er froh zu dem Freund; dieses Weimar hat Straßen und Tore in alle Enden der Welt!»

In diesem Abschnitt steht übrigens auch die schöne Metapher, die als eine Art Leitmotiv an vielen Stellen des Werkes von Jutta Hecker wiederkehrt: «Untergehend sogar, ist's immer dieselbige Sonne.» Die Buchschlüsse dieser Autorin haben es in sich.

Jutta Hecker gehört zu den Leisen im Lande. Sie predigt nicht, sie offeriert keine Gelehrsamkeit, obwohl sie es an Kenntnissen mit manchem Universitätsprofessor aufnehmen könnte. Sie hat sich auch nie in den Vordergrund der Literaturszene gedrängt, und das nimmt vielleicht gerade viele Leser für sie ein. Nicht nur in Weimar sind die Leute ständig unterwegs, um eines ihrer Bücher zu ergattern. In den 24 Jahren, seit der Verlag der Nation das Gesamtwerk Jutta Heckers betreut, haben sich die Auflagen jedenfalls niemals lange in den Buchhandlungen gehalten. Wenn die Statistik ausweist, daß allein im Verlag der Nation bisher rund 400 000 Exemplare ihrer Bücher erschienen sind, ist das nur in begrenztem Maße ein Indiz ihres literarischen Erfolges. Einschließlich anderer Ausgaben, die z. B. bei Gustav Kiepenheuer, im Volksverlag Weimar, im Greifenverlag Rudolstadt, im Buchverlag Der Morgen sowie im Ausland herauskamen, einschließlich auch ihrer Herausgeberarbeiten und philologischen Editionen mögen es an die 600 000 Bücher sein, auf deren Titelblättern oder in deren Impressen der Name J. H. steht.

Und auch die an den Verlag gerichtete Leserpost ist beredter Ausdruck der Liebe und Verehrung, die der Autorin durchaus nicht nur von älteren Lesern, sondern gerade auch von vielen jungen Menschen, die sie für unsere klassische Literatur begeistert hat, entgegengebracht wird. «Jutta Hecker − Altenburg» ist zu einem festen postalischen Begriff geworden.

Über der verzaubernden Wirkung von Literatur sollte man nicht vergessen, daß Dr. Jutta Hecker eine solide wissenschaftliche Ausbildung genossen hat, an den Universitäten in München und Jena studierte, ihre Dissertation über das Symbol der Blauen Blume in der deutschen Romantik schrieb, pädagogisch tätig war, Herausgeberarbeiten aus der deutschen Literatur des 19. Jahrhunderts besorgte und unter den strengen Augen ihres Vaters Goethes «Maximen und Reflexionen» in einer heute noch gültigen Edition zusammenstellte.

Den zehn Büchern, in deren Mittelpunkt jeweils Gestalten der Goethezeit standen, folgt nun als neueste Veröffentlichung dieser kleine Almanach, der der Erinnerung an einige Persönlichkeiten gewidmet ist, die ihr Leben der Bewahrung und wissenschaftlichen Erschließung des Goethenachlasses gewidmet und nicht selten geopfert haben. Jede von ihnen hat ihr unverwechselbares Gesicht, ihr eigenes Fatum, ihre Entdeckerfreuden und Niederlagen, gemeinsam ist ihnen die Verantwortung gegenüber dem Werk, das Goethe heißt. Und oft war ihr Leben dabei nicht weniger von Tragik umwittert als das einer Corona Schröter, Goethes erster Iphigenie, die im Alter einsam und vergessen in Ilmenau gestorben ist. Folgerichtig reihen sich die hier in essayistischer Form vorgestellten Wissenschaftler ein in den großen Zug der Gestalten bisheriger Bücher Jutta Heckers im Dienst einer großen humanistischen Vision.

«Und alles ist Frucht! Und alles ist Samen!»

Bibliographie

der Veröffentlichungen
von Jutta Hecker

Herausgeberarbeiten

Von der Klassik zum Realismus. Hölderlin, Uhland, Eichendorff. In
Auswahl hrsg. von Jutta Hecker. Neue veränderte Auflage. Leipzig:
J. J. Weber 1940

Meisternovellen von Adalbert Stifter ... Eine Auswahl. Leipzig:
J. J. Weber 1942

Haec otia fecit. Verzeichnis der von Prof. Dr. Max Hecker, dem Archi-
var des Goethe-Schiller-Archivs, verf. und hrsg. Schriften und Auf-
sätze. Leipzig: Insel-Verlag 1940

Goethe, Johann Wolfgang. *Maximen und Reflexionen.* Hrsg. von Jutta
Hecker. Leipzig: Koehler & Amelang 1941 (Mitarbeit), 2. Auflage
1943

dass.: Freiburg i. Br.: Zähringer-Verlag 1949

Goethes letzte Lebenslese. Hrsg. u. eingel. von Jutta Hecker. Sonder-
druck aus dem Thüringer Tageblatt Nr. 166, Weimar 1951

Ruppert, Hans: *Goethes Bibliothek. Katalog.* Weimar: Arion-Verlag
1958 (Mitarbeit)

Goethes Werke in 10 Bdn. Hrsg. von Reinhard Buchwald. Weimar:
Volksverlag Weimar 1958. Bd. 9: «Diwan, Gedichte, Maximen» be-
arbeitet von Jutta Hecker. «Pandora, Aufsätze» bearbeitet von Jutta
Hecker und Reinhard Buchwald

Dissertation

Das Symbol der Blauen Blume im Zusammenhang mit der Blumen-
symbolik der Romantik. München 1931

dass.: Jena: Verlag Frommann 1931 (Jenaer Germanist. Forschungen
17)

Als ich zu Goethe kam. Drei Erzählungen (Musik um Goethe, Die Maske, Ich erinnere mich). Berlin: Verlag der Nation 1974, 344 Seiten. 2. Auflage 1975, 3. Auflage 1978, 4. Auflage 1982

Die Altenburg. Geschichte eines Hauses. Mit 15 Kunstdrucktafeln u. 2 Faksimiles. Weimar: Verlag Gustav Kiepenheuer 1955, 203 Seiten. 2. Auflage 1955, 3. Auflage 1956, 4. Auflage 1957, 5. Auflage 1958, 6. Auflage (46.−53. Tsd.) 1959, 211 Seiten, 7. Auflage (54.−63. Tsd.) 1961, 8. Auflage (64.−68. Tsd.) 1962, 9. Auflage (69.−78. Tsd.) 1964, 10. Auflage (79.−83. Tsd.) 1965, 11. Auflage (84.−100. Tsd.) 1969, 12. Auflage (101.−110. Tsd.) 1974

Die Altenburg. Geschichte eines Hauses. Mit 32 zeitgen. Abbildungen auf Kunstdruck. Berlin: Verlag der Nation 1983, 198 Seiten. 2. Auflage 1985, 3. Auflage 1988

Corona. Das Leben der Schauspielerin Corona Schröter. Mit 26 zeitgenössischen Abbildungen, davon 16 auf Kunstdrucktafeln. Berlin: Verlag der Nation 1969, 344 Seiten. 2. Auflage 1971, 3. Auflage 1972, 4. Auflage 1973, 5. Auflage 1976, 326 Seiten, 6. Auflage 1981

dass.: Stuttgart: Verlag Urachhaus 1981 (Lizenzausgabe)

Flammendes Leben. Sehnsucht, Erfüllung, Katastrophe im Leben J. J. Winckelmanns. Weimar: Gebrüder Knabe Verlag 1956, 108 Seiten (Knabes Jugendbücherei)

Ich erinnere mich. Gespräche um Eckermann. Weimar: Verlag Gustav Kiepenheuer 1962, 199 Seiten. 2. Auflage (11.−17. Tsd.) 1964, 3. Auflage (18.−24. Tsd.) 1967

Lied an die Freude. Roman über Schiller und seine Zeitgenossen. Berlin: Buchverlag Der Morgen 1965, 337 Seiten

Die Maske. Weimar: Volksverlag Weimar 1957, 129 Seiten. 2. Auflage 1958

Die Maske. Eine Erzählung. Rudolstadt: Greifenverlag 1961, 113 Seiten

Rudolf Steiner in Weimar. Mit mehreren Abbildungen. Dornach/ Schweiz: Verlag am Goetheanum 1988, 93 Seiten

Traum der ewigen Schönheit. Der Lebensroman Johann Joachim

Winckelmanns. Mit 7 Illustrationen von Walther Klemm. Berlin: Verlag der Nation 1965, 234 Seiten. 2. Auflage 1965, 3. Auflage 1978, 4. veränd. Auflage 1982, 200 Seiten. 5. Auflage 1987

Traum der ewigen Schönheit. Der Lebensroman Johann Joachim Winckelmanns. Mit einem Nachwort von Joachim Lindner (Roman für alle Bd 184). Berlin: Verlag der Nation 1968, 224 Seiten

Wieland. Die Geschichte eines Menschen in der Zeit. Weimar: Verlag Gustav Kiepenheuer 1958, 210 Seiten. 2. Auflage 1959 (11. bis 20. Tsd.), 3. Auflage 1960 (21.–30. Tsd.), 4. Auflage 1963 (31. bis 40. Tsd.), 5. Auflage 1966 (41.–50. Tsd.), 6. Auflage 1971 (51. bis 57. Tsd.)

dass.: Stuttgart: Mellinger 1971 (Lizenzausgabe)

Wieland. Berlin: Verlag der Nation 1975, 176 Seiten. 2. Auflage 1980, 3. veränd. Auflage (mit zeitgen. Scherenschnitten) 1983, 180 Seiten

Aufsätze

Bernhard Suphan. Eine biographische Skizze. In: Goethe-Jahrbuch 98. Bd der Gesamtfolge. Weimar: Hermann Böhlau 1981

Max Hecker. Ein Leben für das Goethe- und Schiller-Archiv. In: Goethe-Jahrbuch 100. Bd der Gesamtfolge. Weimar: Hermann Böhlau 1983

Bildnachweis

Foto-Atelier Louis Held, Inhaber Eberhard Renno, Weimar: 2, 3, 5,
6, 10, 11, 12, 13, 16.
Nationale Forschungs- und Gedenkstätten der klassischen deutschen
Literatur, Weimar: 4, 7, 8.
Aus Privatbesitz (Foto E. Schäfer, Weimar): 1, 15.
Verlagsarchiv Verlag der Nation, Berlin (Foto Ewald/Dietz Verlag): 9,
14.

Inhalt